爱因斯坦图传

〔德〕菲利普·弗兰克◎著

吴碧宇　李明明◎编译

长江出版传媒　长江文艺出版社

图书在版编目（CIP）数据

爱因斯坦图传 / （德）菲利普·弗兰克著；吴碧宇，
李明明编译. -- 武汉：长江文艺出版社，2022.8
ISBN 978-7-5702-2538-5

Ⅰ. ①爱… Ⅱ. ①菲… ②吴… ③李… Ⅲ. ①爱因斯
坦(Einstein, Albert 1879-1955)—传记—图集 Ⅳ.
①K837.126.11-64

中国版本图书馆 CIP 数据核字(2022)第 034173 号

爱因斯坦图传
AIYINSITAN TU ZHUAN

责任编辑：雷　蕾　付玉佩　　　　　责任校对：毛季慧
封面设计：颜森设计　　　　　　　　责任印制：邱　莉　胡丽平

出版：长江出版传媒　　长江文艺出版社
地址：武汉市雄楚大街 268 号　　　　邮编：430070
发行：长江文艺出版社
http://www.cjlap.com
印刷：武汉珞珈山学苑印刷有限公司

开本：720 毫米×1000 毫米　　1/16　　　印张：10　　插页：1 页
版次：2022 年 8 月第 1 版　　　　　2022 年 8 月第 1 次印刷
字数：103 千字

定价：29.80 元

爱因斯坦在阿劳中学

1927 年索尔维会议

爱因斯坦与弗里茨·哈伯　　爱因斯坦与卓别林

爱因斯坦与艾尔莎在大峡谷

爱因斯坦在长岛

爱因斯坦在圣芭芭拉

1928 年爱因斯坦在波罗的海

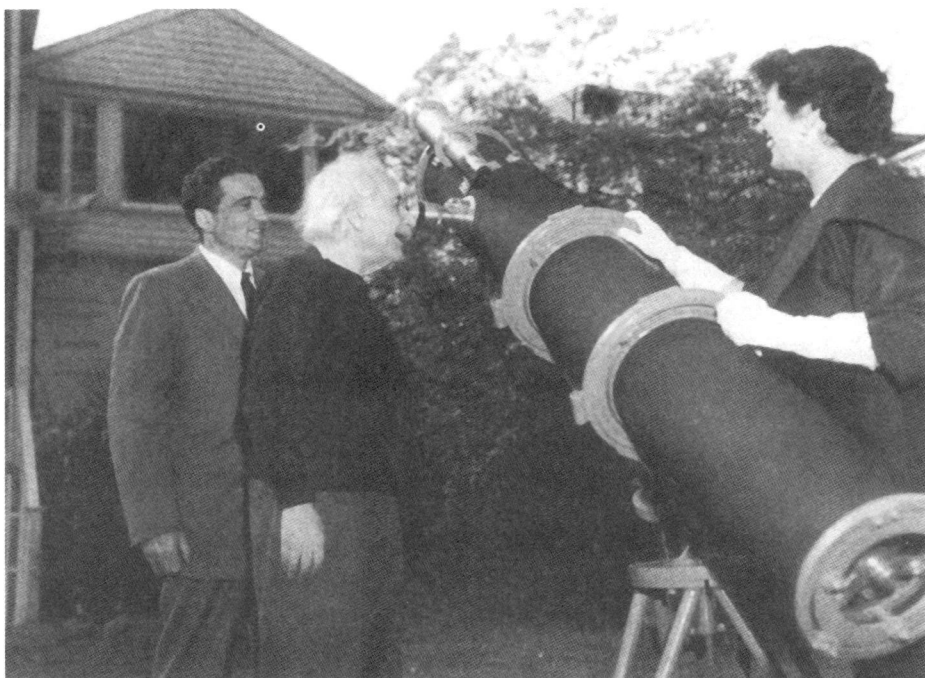

爱因斯坦获赠望远镜

爱因斯坦与泰戈尔

目 录
CONTENTS

Chapter 10 爱因斯坦在美国

Chapter 1
青少年时代

1.1 家庭背景

爱因斯坦的父母先辈生活在德国西南部的施瓦本（*Swabia*），五行八作，却不曾听说有谁卓尔不群。爱因斯坦对此的解释是："生活环境制约了我先辈的出类拔萃，无法让他们脱颖而出。"

施瓦本人勤思擅行，热衷艺术，醉心哲学、宗教。不同于普鲁士军官的铿锵有力、柏林市民的愤世嫉俗、德国牧师的精推细敲，施瓦本人绵言细语，音若潺湲叮咚之溪水。爱因斯坦游历各国，乡音所剩无几，但他平和友善、娓娓叙来的话语风格依旧流露出施瓦本语的味道。

爱因斯坦犹太后裔身份对其影响深刻。当时犹太人视德国古典作家为指导道德和行为的导师。席勒①（1759—1805）、

① 席勒：德国18世纪著名诗人、哲学家、历史学家和剧作家，德国启蒙文学的代表人物之一。

莱辛①（1729—1781）和海涅②（1797—1856）等与所罗门、《约伯记》一样备受推崇。普法战争（Franco-Prussian War,1870—1871）后，知识分子陷入矛盾，在家依旧向子女传授犹太教经典和德国古典精粹，但同时，也崇拜新帝国，仰慕统治者治国有道，在公共社交场合让自己的行为和思想尽量符合统治阶级的规范。只有宁静致远、不畏强权、坚守自由的人方能保持态度。青年时期的爱因斯坦就是这样的人。尽管后来他常与德国主流背道而驰，但对家乡和施瓦本的父老乡亲却总是充满感情。

1.2 童年时代

1879 年 3 月 14 日，阿尔伯特·爱因斯坦出生在符腾堡州的一个中型城市——乌尔姆。出生一年后，他家搬至慕尼黑市郊，父亲和叔叔共同经营了一家小型电气设备工厂。一年后，爱因斯坦的妹妹出生了。

父亲赫尔曼·爱因斯坦不善经营，多次亏损，但这丝毫不影响他热爱生活、积极乐观的人生态度。工作之余，他常携家人在风景秀丽的乡村漫步、沿风光旖旎的湖畔徜徉。他喜欢去巴伐利亚的小酒馆边嚼着甘甜的萝卜、吃着美味的香肠、品酌上好的啤酒。他钟爱品读德国的诗歌，特别是席勒和海涅的诗。

爱因斯坦的母亲名波琳·科赫，幽默风趣、酷爱艺术、喜欢古典音乐，尤其痴迷贝多芬的奏鸣曲。每每夜晚有工程师来访，她都会弹琴助兴。

---

① 莱辛：德国戏剧家、文艺批评家和美学家。
② 海涅：德国著名抒情诗人，被称为"德国古典文学的最后一位代表"。

爱因斯坦的父亲，赫尔曼·爱因斯坦　　爱因斯坦的母亲，波琳·科赫

　　叔叔倾心优雅的精神生活。他是个训练有素的工程师，在技术领域是个行家里手。正是受叔叔影响，爱因斯坦对数学产生了浓厚的兴趣。

　　这种半田园式的生活环境促成了爱因斯坦的某些特质，比如一板一眼的较真性格、喜欢席勒诗歌、热衷演奏古典音乐，这种生活也让他后来对柏林和纽约的都市生活总有些许畏惧。

　　爱因斯坦很晚才学会说话，总是沉默寡言。在家，他从不主动参与保姆组织的家庭儿童游戏，为此被戏称为"波尔爸爸"；他不喜欢跑步、跳高这类剧烈的体育运动；他也不合群，终日沉浸在冥想中。

　　那时流行士兵游行游戏。慕尼黑的家长们总是鼓励孩子，"将来长大了，你要成为这游行队伍里的一员"。通常男孩都会为这个崇高的理想斗志昂扬。爱因斯坦却说："我长大才不要成为这样可怜的人。"在他看来，游行的士兵已被迫沦为一种"机器"。

　　这时候的爱因斯坦已经显现出其最典型的双重性格特征：一方面，他痛恨任何形式的专横欺压，痛恨"机器化"行径；另一方面，他也意识到宇宙中的自然法则。尽管当时还小，只能从传统宗教角度来理解、崇拜。爱因斯坦的这种双重态度伴随了他的一生，这也解释了为何他日后有许多稀奇古怪、前后矛盾的行为。

　　德国当时的小学隶属于各大宗教教派，学校的日常工作由牧师负责。慕尼黑的教派大都属于天主教，因此，大多数学校隶属于天主教。爱因斯坦是班里唯一的犹太人，不过犹太身份并未对他接受天主教的教育产生任何影响。有一次实物教学课，老师拿着一个大钉子对学生们说："这颗钉子与十字架上钉死耶稣基督的那颗很像。"之后，怕影响其他同学和爱因斯坦的关系，老师没有继续讲耶稣基督是被犹太人钉死在十字架上的事。这样的情形发生了很多次，老师不多说，同学也不多提。尽管如此，爱因斯坦仍觉得这种教学方式不合适，一方面，钉子容易让人联想起与其相关的残暴案例；另一方面，他坚定地认为，惟妙惟肖地讲解暴虐行为非但不能强化人们对这种暴虐行为的任何敌对情绪，反而会激起他们内心深处的施暴欲望。

三岁的爱因斯坦

　　天主教知识与爱因斯坦耳濡目染的家庭犹太教知识并没有明显的差异，这让他更加确信宇宙间存在普遍法则，可以通过不同的宗教符号来表征宇宙间的和谐。此时，爱因斯坦的判断更多来自美学视角，而非"真理"视角。

　　爱因斯坦九岁上小学高年级，他习惯深思熟虑后再发言。因其谨小慎微、不乱说、不错说、不说谎，同学们称他为"老实人约翰"，视其为随和的空想家。那时，他还没有展现出任何特殊天赋，不过，他的母亲曾说："或许他以后会成为伟大的教授。"言外之意是指爱因斯坦将来会成为一个行为古怪之人。

1.3 慕尼黑高级中学

十岁那年，爱因斯坦上了慕尼黑路易波尔德高级中学（Luitpold Gymnasium）。德国规定十到十八岁的青少年都得上高级中学，这个年龄段是青少年智力发育的关键时期。每所高级中学通过讲授古希腊和罗马文化对学生进行通识教育。由于拉丁语和希腊语晦涩难懂，学生要花费大量的时间死记硬背语法规则，很少有时间真正去理解拉丁语和希腊语所蕴含的古老文化。其实，对大多数老师来讲，要弄懂这些古老文化也不是件易事。虽然有人说，学习一两种复杂语言的语法是训练心智不可或缺的历练，对智力发展有着无可替代的作用，但是，爱因斯坦志在探索宇宙永恒法则，非常讨厌这种机械的语言学习方法。他觉得这种教育方式跟普鲁士军队训练士兵的方式一样——重复操练，毫无意义。日后，每当有人问及爱因斯坦对学校的印象，他总是说："在我看来，小学老师就像是军队的中士，高级中学老师则像军队的中尉。"

德皇威廉二世时期，德军中士对待列兵残暴成性、毫无仁爱。他们举止粗俗、态度恶劣、臭名昭著；德军中尉是军队的上层阶级，虽不与列兵直接接触，但也经常间接向列兵展示手中的强权。爱因斯坦将老师们比拟成军队的中士和中尉，因为他觉得老师仅灌输片面的语法知识、机械操练语法规则，相比那些能帮助学生解决各种生活问题的朋友，老师们更像是令人生畏的军队长官。学生也因此竞相讨好、阿谀奉承，以博取老师的好感。

路易波尔德高级中学有位老师，名叫吕斯（*Ruess*）。他喜欢向学生传授古代文化之精神，讲解古代思想对德国经典诗歌和现代文学的影响。爱因斯坦痴迷一切与艺术相关的知识、醉心一切与未知世界有关的思想，吕斯老师的课堂燃起了他对德国古典作家的兴趣，诸如席勒和歌德，甚至英国的莎士比亚[①]。有段时间，爱因斯坦特别痴迷《赫尔曼和多罗泰》。《赫尔曼和多罗泰》是一部叙事诗，写于政治极端动荡的年代，讲述的是歌德半浪漫半伤感的爱情故事。这本书对爱因斯坦的影响很大。德国高级中学当时有个传统，要求没完成作业的学生课后留堂一小时，由监管老师负责学生们的课后补习。留堂的这段时间漫长而无聊，极为难熬。但是只要是吕斯老师监管，爱因斯坦就很乐意接受留堂补习的惩罚。每天在枯燥无味的课堂接受机械学习后，可以在留堂的那一个小时进行艺术学习的熏陶，这段记忆于爱因斯坦是美好而深刻的。后来，他一直想知道，自己给吕斯老师留下了怎样的印象。多年以后，爱因斯坦已经成为苏黎世大学的年轻教授。一次路过慕尼黑，他想起这位曾经真正让自己学到东西的吕斯老师，便决定前去拜访。他原以为，吕斯老师知道自己曾经教过的学生如今成为一名大学教授，一定很欣慰。结果，当邋里邋遢、不修边幅的爱因斯坦出现在他面前时，他根本记不起来有个叫爱因斯坦的学生，还以为遇到了个骗子。显然，吕斯老师从未想到过，竟然有学生专程来访，仅为一表当年受教的感激之情。或许吕斯老师的授课水平并不

[①] 莎士比亚：文学史上最杰出的戏剧家，也是欧洲文艺复兴时期最重要、最伟大的作家，全世界最卓越的文学家之一。

像爱因斯坦记忆中那么优秀，或许这一切都是爱因斯坦的想象。这次的拜访异常尴尬，爱因斯坦很快就离开了。

1.4 学术兴趣

五岁时，爱因斯坦的父亲给他看过一个袖珍罗盘。这个神奇的小物件上面有一枚铁针，不论怎么旋转罗盘，铁针总是指向同一个方向，这让年幼的爱因斯坦十分好奇。尽管不知道是什么东西控制铁针移动，但爱因斯坦断定，在这个看似空无一物的空间里，一定有什么东西吸引铁针指向同一个方向。这个经历促使爱因斯坦后来关于空洞空间神秘特性的思考。

爱因斯坦一天天长大，他对自然科学的兴趣也随着阅读越来越多的科普书籍而与日俱增。有一位俄国犹太学生每周四会来他家。这位学生曾向爱因斯坦推荐了亚伦·伯恩斯坦的《自然科学读本》，爱因斯坦爱不释手。这本书在当时的科学业余爱好者中广为流传。书中讨论了动物、植物、动植物间相互依存的关系以及起源假设等内容；介绍了行星、流星、火山、地震、气候之类的很多话题，涉及自然关系的方方面面，无所不包。

之后不久，爱因斯坦又迷上了比希纳的《物质和力》。这本书整合了时间的科学知识，并把这些知识构建成一套完整的宇宙哲学概念。支持该书观点的学者常被称作"唯物主义者"，其实更准确的称谓应该是"自然主义者"。这些人试图通过类比自然科学的方法来理解、解释天体和地球，极力反对任何关于宇宙本质的宗教概念。

今天，类似《物质和力》这样的书籍往往被诟病为粗陋肤浅之作。让人好奇的是，这种肤浅之作当年是怎样吸引像爱因斯坦那样拥有独立思考能力的人呢？如果从历史价值和公正角度来审视，我们应该扪心自问，现如今有多少书能与这些早期作品媲美？可能已故的詹姆斯·琼斯爵士的《神秘的宇宙》算一本。就算是再挑剔的读者，也不会觉得比希纳的《物质和力》比当代同类著作肤浅。不管怎么说，这本著作不仅对科学成果进行了精准阐释，也明确地解释一些哲学概念。于我们而言，应接纳并认可这些书籍，而不应该依个人喜好给予否定。

爱因斯坦对数学兴趣源自家庭熏陶，他的叔叔将他引入代数世界。叔叔对他说，"代数很有趣。比如，我们正在抓捕猎物，可以暂时用 X 代替猎物，直至捕获成功。"在叔叔的引领下，爱因斯坦学会用代数的方法去解决简单问题，并从中领略了无穷的快乐。

十二岁那年，爱因斯坦第一次看到系统的几何课本，像所有学生一样，爱因斯坦对几何课饶有兴致。通常，对某门功课感兴趣的孩子会在老师上课前先预习、钻研，爱因斯坦也不例外，他如饥似渴：书中讲解清晰，陈述有理有据，图表和推理关系紧密，所述内容井然有序，一目了然。爱因斯坦以前从未读过这样的书。他第一次发现，这个无序而混沌的世界，居然秩序井然，充满理性。

爱因斯坦六岁起，父母要求他学小提琴。起初这只是学校的一项强制活动。很可惜，因为授课老师只注重拉琴技巧，爱因斯坦未体会到音乐的乐趣。十三岁那年，他接触到莫扎特的奏鸣曲，随即便迷上了乐曲中那份独特的优雅。他明白了想要

十四岁的爱因斯坦

完整地演奏乐章，呈现精华之美，必须手法灵巧。于是，他不断练习，试着在演奏中表现作品的明亮、轻盈、优雅的风格，尽可能清晰地传递出特殊的情调。自此，他爱上了音乐，终其一生，不曾改变。

十四岁，爱因斯坦还读比希纳的书，但此时，他对宗教的态度却悄然发生改变。他在小学接受的是天主教的教育；在高级中学时，接受的是犹太教的教育。宗教老师讲解《所罗门箴言》和《圣经旧约》，评论书中的伦理道德问题，爱因斯坦被触动了。他坚信，圣经仪式蕴含巨大的道德价值。因为不管学生有没有兴趣，都必须参加犹太教堂的宗教活动。似曾相识的场景让爱因斯坦不再把宗教仪式当作人类在宇宙中诗意的符号。他反而觉得，宗教仪式的迷信作用会令人丧失独立思考的能力。他开始反感犹太教或任何宗教的传统惯例，不再参加之前从未缺席过的宗教仪式。爱因斯坦下定决心，一旦离开高级中学，便放弃犹太教信仰，也不再皈依任何宗教派别。他不愿看到个人关系和自然法则被某种机械秩序所限制。

1.5 逃离慕尼黑

十五岁那年，爱因斯坦的人生轨迹发生了改变。他父亲在慕尼黑的工厂陷入了经营危机，最后不得不关闭，另寻出路。乐观慈祥的父亲带领全家移居到意大利，并在米兰建起了相似的工厂。不过父亲希望爱因斯坦能在慕尼黑读完高级中学。当时每个德国中产阶层都认为，拥有一张高级中学的文凭才算是受过教育。要想获得一份体面的脑力工作，必须读完高级中学。爱因斯坦因此继续留在了慕尼黑。

爱因斯坦数学成绩优异，但古典语言并不优秀。为了通过考试，他不得不在不感兴趣的功课上花功夫，为此，他十分痛苦。被父母送到寄宿公寓后，这种痛苦和孤独感愈加强烈。在学校，爱因斯坦不合群。同学真诚邀请他参加体育活动，会被他视为不懂体谅、缺少礼数的举动。尽管爱因斯坦对所有人都彬彬有礼，但是老师和同学们都清楚，他对学校的组织制度、学校信奉的神灵持怀疑态度，这让很多人惴惴不安。

一天天过去了，爱因斯坦越来越无法忍受高级中学耗时的教学方法。他受不了机械记忆的学习方式，宁愿受罚也不愿不加理解地反复死记硬背。他极力捍卫自己的精神世界，不受外界约束，这种性格贯穿了他的一生。半年的寄宿学校生活熬过了，爱因斯坦想去意大利与父母团聚。在他看来，普鲁士人统治的慕尼黑阴森冷酷，毫无生机；意大利则绚丽多姿、生机勃勃，处处洋溢着艺术气息，那里才是令人向往的天堂！

怎样才能既可以逃离高级中学，又不失去继续学习的机会呢？爱因斯坦觉得，自己的数学水平很高，远超学校的要求，即使拿不到高级中学毕业证书，也能被国外的理工学院破格接收。

逃离慕尼黑高级中学的计划比预想要简单顺利，因为他被学校劝退了！爱因斯坦很震惊，询问缘由。老师说："你在课堂上影响到了其他同学。"显然，老师和同学都从爱因斯坦的行为中看出了他对日复一日枯燥机械的学习方式不满。

到米兰后，爱因斯坦向父亲表示想放弃德国公民身份。这样的想法在当时很罕见，他最终放弃，那段时间他成了一个没有国籍的人。与此同时，他还宣布与犹太宗教团体断绝关系。

初到意大利，爱因斯坦很快乐。他流连于教堂和画廊的艺术作品，陶醉于流淌在每一角落的悦耳琴音。他越过亚平宁山脉来到热那亚，欣喜地观赏看着自然又优雅的意大利人。这些人与他熟悉的德国人形成鲜明的对比：他们不受外界条框所约束，遵从内心，怡然自得。而在德国，人们已经丢失了灵魂，变成只会服从的"机器"。爱因斯坦觉得，意大利人的生活更符合自然法则。

但后来，父亲的电气设备生意再次失败，无法继续给予爱因斯坦经济方面的支持。巨大的现实压力扑面而来，慕尼黑高级中学是回不去了，要想找到一份工作必须得有学历，接下来自己该怎么办呢？

磁罗盘曾唤起爱因斯坦对自然神秘法则的兴趣；几何让他爱上了一切可以通过数学来解释的知识。爱因斯坦相信，世界上有种分子能够完全被人类理解。理论物理学强烈地吸引着他，它能以简单的数学公式描述自然界中无限复杂的现象。他想要研究这门学科，并愿意为之奉献一生。

由于对物理和数学的浓厚兴趣，又天赋异禀，加上实际工作职业训练的需要，爱因斯坦觉得学技术科学对他来说最为合适。因为没有高级中学毕业证，相对于普通大学，进入技术学院就读更为容易。

1.6 求学苏黎世

当时，德国以外的欧洲中部最著名的技术学校是苏黎世联邦理工学院（The Swiss Federal Polytechnic School）。爱因斯坦参加了入学考试。虽然他的数学成绩远超他人，但由于欠缺现代语言知识和描述性自然科学知识（动物学和植物学），最终未被录取。爱因斯坦所担心的事情终于发生了，他深受打击。

理工学院的主任看中了爱因斯坦的数学才华，建议他在瑞士先拿高中毕业证。爱因斯坦选择了坐落在小城阿劳的一所州立高中。爱因斯坦惴惴不安，担心自己会再次成为僵化体制下的"囚徒"。令他惊喜的是，这所高中的办学理念和慕尼黑高

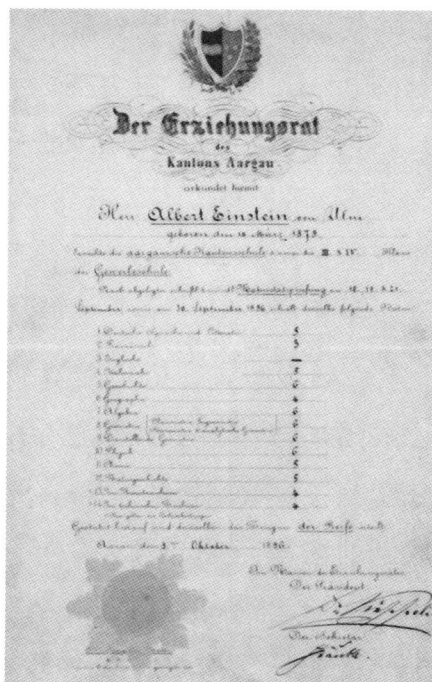

毕业成绩单

级中学截然不同。这里没有类似军国主义那样的机械训练，学校以培养学生独立思考、独立动手为宗旨，教师与学生互动频繁，气氛和谐。学生也没有要求固定在一个教室，学校为每门功课配置了仪器室、标本室和配件室。爱因斯坦不再讨厌学校，与同学也能和睦相处。他住在学校的一位老师家，经常与老师的一双儿女去爬山。瑞士人热衷讨论公众生活问题，在与同学们研讨的过程中，爱因斯坦掌握了一种完全不同的学习方式。一年以后，他顺利地拿到高中毕业证，随即被苏黎世联邦理工学院免试录取。

在苏黎世联邦理工学院求学期间，爱因斯坦明白自己的主要兴趣在物理，而非纯数学。他希望通过理解自然法则，去发现最简单的规则。可惜，当时学院的物理教学方法迂腐陈旧，教的都是教科书上被技术应用领域检测了的定律。老师几乎不讲自然现象的客观分析方法，也很少讲解自然现象中所蕴含的综合原理等知识。

当时正处于十九世纪末，物理科学的发展进入一个拐点。杰出的科学家用引人入胜的笔触记录这一时期的理论。爱因斯坦研读了大量理论物理学经典，诸如赫姆霍兹、基尔霍夫、玻尔兹曼、麦克斯韦和赫兹的著作。他废寝忘食、如痴如醉，从中学会了数学框架的建构方法，这些知识同样适用于物理框架的建构。

苏黎世联邦理工学院的数学教学水平比物理高得多。年轻的俄国籍数学老师赫尔曼·闵可夫斯基是当时最有原创精神的数学家之一，但他不太擅长讲课。这段时间让爱因斯坦丧失了对纯数学学习的兴趣。他觉得最简单的数学原理足够阐释物理学的基本定律。不久，他还发现，物理学基本原理的建构必须基于高度发达的数学概念之上。因为闵可夫斯基的枯燥数学课，爱因斯坦想依靠自己建构数学公式，这成为他日后发展物理理论埋下了萌芽的种子。

苏黎世联邦理工学院在国际上声名远播，学校有大量的国外学生，学院因此也成为孕育未来革命的摇篮。在这些国际生中，爱因斯坦颇熟识两位。一位是来自奥地利的弗里德里希·阿德勒，他身材消瘦、脸色苍白、皮肤白皙。与其他来自东欧的同学一样，他热爱物理研究，也狂热地信仰社会革命。他的父亲是维也纳社会民主党领袖，送他来苏黎世联邦理工学院学习

与米列娃·玛丽切奇，约 1905 年

物理就是想让他远离政治。另一位是来自匈牙利的年轻女孩米列娃·玛丽切奇，她的母语是塞尔维亚语，信仰希腊东正教。与很多东欧女学生一样，玛丽切奇专注学习、思维活跃，但很少有时间跟男同学交往。因为共同的学术兴趣，爱因斯坦常与她一起研讨物理科学。爱因斯坦喜爱思考，更喜欢把思想诉诸文字，而米列娃·玛丽切奇不苟言笑、沉默寡言。爱因斯坦当时完全沉迷于研究，没有意识到两人性格上的差异。

1.7 专利局职员

十九世纪、二十世纪之交，爱因斯坦完成了学业。此时，他迫切需要工作。对他这样酷爱科学研究、才华横溢的年轻人而言，通过工作获取训练机会是成为一名独立研究员重要的第一步。跟经验丰富的教授一起工作，既能学到教书方法，又能掌握科学研究的方法，做一名教授助理无疑是最为恰当的。然而，当初夸他志向远大、天赋异禀的几位教授并没有招聘他的意愿。

因为不能留在学院教书，爱因斯坦只能选择中学，然而他依旧未能如愿，最后他在温特图尔的一所技术职业学校谋得一份临时工作，几个月后失业了。

1901年，二十一岁的爱因斯坦终于成了一名瑞士公民。他从一份报纸中看到，沙夫豪森的一名高级中学老师正在为两名住宿男孩找家教。他成功申请到这份工作。就这样，他来到了莱茵河畔的小城。爱因斯坦对这份工作还算满意。他不仅可以塑造年轻人的心灵，而且还能尝试用一些比学校好的教学方法施教。可不久，他发觉学校的教学又将他培养的"好苗子"给毁了。于是他申请让自己全权负责这两个孩子的教育。结果，这一行为被看作是挑战高级中学教师的教学权威，他被解雇了。自此，爱因斯坦明白，老师同样也受普通学校机械单调的工作的制约。

困境再次袭向爱因斯坦。尽管已是一名瑞士公民、有张苏黎世联邦理工学院的毕业证，可他还是找不到一份教书的工作。他不明白自己为何这般失败，也许大家并没有把他当作真正的瑞士人。在瑞士，刚拿到公民身份的人经常被真正的瑞士人称为"只拥有一张公民证书的瑞士人"。爱因斯坦的犹太后裔身份让他在成为真正瑞士人的道路上困难重重。

专利局时期的爱因斯坦

就在这段黑暗时期，一道光芒出现了。理工学院的同学将爱因斯坦引荐给伯尔尼专利局开明、睿智的主任哈勒。哈勒不喜欢循规蹈矩的人，他认为任何工作都更需要独具思考能力的人才。与爱因斯坦长谈后，哈勒认为爱因斯坦很适合在专利局工作，尽管之前他并没有任

何与技术发明工作相关的经验。最后，哈勒聘请了爱因斯坦。

可以说，伯尔尼专利局是爱因斯坦人生的转折点。这份工作年薪三千法郎，足够他生活无忧，还能有大把闲暇时间进行科学研究。不久，他迎娶了理工学院的同学米列娃·玛丽切奇。玛丽切奇思维活跃，耿直率真，但生性拘谨，不苟言笑，不擅长与人交往。爱因斯坦的性格与她截然相反。他落落大方，谈吐风趣，想法很多，天马行空。每每想和玛丽切奇分享，她的反应总很冷淡，以至于他常常不知妻子是否对自己的话题感兴趣。婚后，他们有过一段幸福的生活。玛丽切奇为他生了两个

爱德华、米列娃和汉斯·阿尔伯特

儿子，大儿子随他叫"阿尔伯特"。爱因斯坦跟孩子们在一起的日子非常开心，他愿意花时间与孩子们相处，也愿意分享自己的想法，每到此时，他总会饶有兴趣地观察着孩子们的反应。

专利局工作有点单调，主要是对申报的发明做初步检验，为每件发明的基本特点做出系统的说明，提供法律保护。由于大多数发明者都是业余爱好者，表达不清晰，爱因斯坦的工作就是把措辞模糊的专利申请改写成清晰明确的表述，他必须从那些表述不清的文字里概括出基本要点。这项工作并不轻松，却让爱因斯坦接触到了很多有趣的新思想。或许正是因为这样的工作经历，爱因斯坦练就了快速抓取各种假设、推理线索的能力。有幸看过爱因斯坦科学讲座的人，对此都惊讶不已。

这份工作让爱因斯坦一直保持着对科学发明的兴趣。他当

在伯尔尼专利局，1905 年奇迹年

年发明的测量微小电荷的仪器，至今还存留着。发明对他而言，只是在抽象理论研究之余的一种消遣娱乐，就像下国际象棋和读侦探小说一样。爱因斯坦对象棋、小说不感兴趣，他喜欢研究、与朋友畅谈各类器械，即使在后来的日子，爱因斯坦也常和这些朋友相聚。纽约的巴基教授就是其中的一位。巴基是著名的物理学家，是 X 射线机的结构专家。爱因斯坦和他一起设计了一款机器，该机器能自动调节感光胶片的曝光时间。爱因斯坦并不追求发明物有实际的功用，他享受的是克服重重困难的过程。

Chapter 2
爱因斯坦在布拉格

2.1 苏黎世大学的教授

1905 年，爱因斯坦在伯尔尼发表了他的论文。这些论文的研究结果非同寻常，瑞士的物理学家都不敢相信这项研究出自伯尔尼专利局一个小职员之手。当时，苏黎世大学物理学科的领军人物克莱纳教授（1849—1916）还不能真正理解爱因斯坦的研究，但已经从论文中意识到了爱因斯坦非比寻常的天赋。苏黎世大学很快就向爱因斯坦抛来橄榄枝，希望他前去任教。

苏黎世大学和其他德国大学一样，不可直接任命大学教授，但编外讲师可以。在苏黎世大学，科研成果丰硕、才华横溢的年轻人都可以申请大学的编外讲师职位，讲师们可以根据自己的意愿决定上课量，学校对此没有强制要求。不过收入微薄，除了学生付的听课费外，没有其他收入。因此，通常只有两类人会申请讲师职位，一是有私人收入[①]者，二是已有其他工作收入者。爱因斯坦属于第二类，他当时在伯尔尼专利局里任职。

不久后，苏黎世大学理论物理学的教授职位空缺。爱因斯坦在苏黎世联邦理工学院结交的朋友弗里德里希·阿德勒（1879—1960）当时也应聘此职位，因其父亲是奥地利社会民主党领袖，从政治和科学双重角度考量，董事会认为阿德勒是比较合适的教授人选。但弗里德里希·阿德勒是一个坚持真理的人，只要自己认定为真理，即使对自身不利，也会勇敢地说出来。得知此事后，他表示："学校弃爱因斯坦不用，而聘用我，简直荒谬！坦白说，作为一名研究物理学家，我的能力无法与爱因斯坦相提并论。现在我们有机会聘请到这位人才，不仅能够提高大学整体水平，还能带动教师队伍发展科研，绝不能因为政治原因让这等良机溜走！"

1909 年，爱因斯坦被正式聘为苏黎世大学特职教授。

爱因斯坦很和气，无论对谁，都一视同仁；其个性又很矛盾：同情每一个陌生人的命运，但一旦亲密接触又想抽身而出。爱因斯坦给人的感觉一直在孩子气和玩世不恭两极中自由切换，时而开开无伤大雅的玩笑，时而尖锐地讽刺，让人不知所措。

2.2 任职布拉格

1910 年秋天，布拉格的德国大学理论物理学主任一职空缺。安东·兰帕在确定候选人方面起了决定性的作用。他的哲

[①] 私人收入：投资性的非工资收入。

学世界观大部分源自实证主义哲学的物理学家——恩斯特·马赫。他希望任命一个有马赫精神且杰出的科学家。两位物理学家闯进了他的视野：一位是布尔诺工学院的教授——古斯塔夫·姚曼（1863—1924），另一位便是爱因斯坦。任命条例要求依据科研成果来确定候选人名单，爱因斯坦凭借1905—1910年间发表的，足以震撼科学界的研究成果位列候选人之首。但由于身份问题，任命结果多有争议。最终，政府克服了对外国人的偏见，邀请爱因斯坦出任该职位。就这样，爱因斯坦平生第一次有了教授头衔和一份丰盈的薪水。

但接受这一职务还有一个问题：在奥地利，唯有拥有正式教会身份的人才能做大学老师，不符合此标准的人不得任命。爱因斯坦自离开慕尼黑高级中学后便脱离了宗教团体。为解决这一困境，爱因斯坦解释小时候是犹太教徒，没有举行任何正式仪式，在宗教信仰一栏写下了"Mosaic（犹太教）"。

爱因斯坦讨厌所有教条主义和宗教仪式，因此，他也很讨厌葬礼。有一次走在送葬队伍中，他对助手说："葬礼本身毫无意义，参加者只是在取悦周围人。因为不想让人看到鞋子上的污垢，便每天乐此不疲地擦皮鞋，葬礼和这没有什么不同。"爱因斯坦的一生都保持着这种批判资产阶级生活习俗的态度。

2.3 布拉格的同事

布拉格大学是欧洲中部最古老的大学，由罗马帝国皇帝查尔斯四世于1348年创立。19世纪下半叶，因愈发激烈的政治冲突，布拉格大学一分为二，成为德国大学和捷克大学。爱因

爱因斯坦在布拉格

斯坦被委派到德国大学，恩斯特·马赫是学校的第一任校长。

　　爱因斯坦任职时，分属两所大学的教授基本无瓜葛，甚至研究相同课题的教授之间也没有私交。因此，经常会发生这样有趣的事情：来自布拉格大学的两位化学教授居然在芝加哥国际会议上第一次见面！这种局面由民族主义造成。扎根在德国人心中的"优等民族"观念让他们拒绝与任何"劣等民族"人士交往。所以大部分德国教授很少去跟捷克人接触，捷克人也变得敏感多疑。

但可笑的是布拉格的德国人和捷克人在种族和起源上没有丝毫差异！

爱因斯坦不支持敌对捷克人的观点，从不参与诋毁捷克人的言谈。当然，他也不与任何捷克人亲近。让人惊讶的是，居然有捷克学生来听他的讲座，并在他的指导下进行科学研究。这在德国大学极为罕见。

爱因斯坦当时的首席助理叫诺埃尔。他是波西米亚村里一个犹太农夫的儿子，自小耕田犁地，有着犹太农夫一贯的冷静沉着。他跟爱因斯坦讲了很多波西米亚村里犹太人的事情。比如，希伯来语[①]弃用后，与意第绪语[②]很接近的德语成了希伯来语的替代品。他们日常都讲捷克语，安息日讲德语。这样的交谈让爱因斯坦对犹太人与其周围世界的关系产生了浓厚兴趣。

爱因斯坦与犹太籍数学家乔治·皮克（1859—1942）关系密切。皮克比爱因斯坦年长二十岁，不管是作为普通人，还是科学家，都有着非凡的个人魅力。在数学研究领域，皮克发表了很多见解独到的权威论文，其观点后来发展成一门独立的数学分支。他还是位优秀的小提琴手，常和爱因斯坦及一群音乐爱好者在室内演奏弦乐四重奏。

爱因斯坦和皮克每天都见面，一起讨论问题。散步时，爱因斯坦会向皮克讲讲在研究相对论时碰到的数学难题。皮克当时建议爱因斯坦读读意大利数学家里奇（1853—1925）和列维－

---

① 希伯来语：Hebrew 属于亚非语系闪米特语族，是犹太教的宗教语言。
② 意第绪语：大部分的使用者是犹太人。

齐维塔合著的《绝对微分学》，这本书对爱因斯坦的理论研究非常有帮助。

2.4 布拉格的犹太人

尽管当时成为犹太宗教团体的成员只是一种官方关系，但正是在这段时间里，爱因斯坦意识到了犹太群体的问题。

在布拉格，犹太人在许多方面都很特殊。当地一半以上说德语的居民都是犹太人，尽管只占总人口的百分之五左右，但在德国人群中他们至关重要。对大部分捷克人来说，犹太人就是德国人。

爱因斯坦初到布拉格时，正值一战爆发时期。捷克人认为，政府强迫参战符合德国人利益，却损害了捷克人的利益，这些居住在他们城市的德国人和犹太人正以看守者和告密者的身份对抗本族人民。另一方面，犹太人和德国人的关系也逐渐走向分崩离析。从前，布拉格的德国少数民族和犹太人结盟，一致对抗激进的捷克人。但德国人心底深埋种族倾向的种子，这期间已不知不觉发芽、抽枝，后来更是演变成了纳粹主义的纲领。犹太人在夹缝中生存，处境极其尴尬。

为了不卷入双方的斗争中，犹太群体希望建立一个独立的知识分子圈。这个群体深受犹太哲学家马丁·布伯的半神秘理论影响，成员都是犹太复国主义者。他们不关心政治，只关注艺术、文学和哲学。爱因斯坦经引荐来到这个团体，遇见弗朗茨·卡夫卡，与雨果·伯格曼和马克斯·布洛德成为朋友。

雨果正直、睿智、温文尔雅，是布拉格青年团体的核心人物。他以犹太作家和费希特培养民族精神的德国哲学理念为理论基础，试图创建一种不依赖于正统犹太教的犹太文化生活。在这儿，没有厌恶、没有盲目模仿，人们同情并理解非犹太世界。但即便是雨果，也无法让爱因斯坦对犹太复国主义产生兴趣。爱因斯坦仍旧只关注宇宙问题。在他看来，民族问题、人种关系问题都无足轻重，这些是人类无法根除的劣根性，庸人自扰罢了。他没有意识到，这些问题日后会成为思考宇宙问题的维度。马克斯·布洛德那时很年轻，才华横溢，兴趣广泛，对历史问题和哲学问题特别感兴趣。他在小说里专注描写捷克人、布拉格居民和波西米亚居民的生活，每当刻画人物心理时，其分析过程都无比清晰、有条理。他的小说《第谷·布拉赫的救赎》，讲述了丹麦天文学家第谷·布拉赫在布拉格最后几年的生活。小说主线对比了第谷和青年天文学家开普勒的性格差异。第谷希望寻求一个能为自己的实践经验添加客观、又颇具创意思想的年轻合作者，于是便邀请开普勒前来和他一起工作。熟悉爱因斯坦的读者总能在开普勒的身上看到爱因斯坦的影子。德国著名化学家能斯特读到这本小说时，就对爱因斯坦打趣道："你原来是开普勒啊！"

2.5 爱因斯坦教授

爱因斯坦是一位好老师吗？他喜欢这个职业吗？在调查中我们得到了不同的答案。

首先，爱因斯坦身上的四个特质注定他会成为学生的良师益友。第一，他渴望成为友好且有益于社会的人，因此总会尽自己所能帮助同胞。第二，他有一份与众不同的自然与闲适，从不添油加醋、夸夸其谈，把每个课题以最简单的逻辑形式分解，予以客观呈现。第三，他富有艺术灵感。从中，他不仅获得了一种清晰、有逻辑的科学思路，还练就出一种颇具美学意味的思维方法，给听众带来审美享受。第四，他重视以多种方式系统阐释并呈现其理论。如果能获取一种使问题简单化的新方法，他甚至会去研究与物理课题没有直接关联的问题。如此，对于富有不同思维模式、不同教育背景的学生而言，问题将变得简单易懂。

但是，爱因斯坦讨厌与人过度亲密，也厌倦重复的无聊。有些教师，尤其是德国大学里的教师，他们一心扑在学生身上，在教学上时间安排相当精确、充分，很难有时间去关注自己的研究领域，更无创新可言。对爱因斯坦而言，将自己的时间和精力全部搭进去是不可能的。他不喜欢机械地给学生传授知识，更为关注自己当前感兴趣的领域。他充满艺术气质，解决难题的方式无比艺术：依据一本好书，采用最简单的方法。他的讲座内容参差不齐，与学生也不亲密。因此，他与学生关系矛盾，并以一种十分特殊的方式呈现。不过，他给科学社团、学术大会和有众多听众做的单独讲座则总是生动而精彩，给每一位听众都留下了永恒的印象。

爱因斯坦意识到，万有引力的特殊性将导致通过非惯性系中物体的运动计算非惯性系自身加速度时，会出现一些问题。我们无法判断实验室中小车的加速度是由实验室本身的加速度附加的，还是在万有引力的作用下产生的。为了解决这一问题，爱因斯坦敏锐的逻辑分析能力奠定了重建力学体系的基础。爱因斯坦再次将物体的运动与光的传播联系起来，于1911年发表了名为"重力对光传播的影响"的文章。

在爱因斯坦看来，牛顿力学中"无法在做匀速直线运动的实验室中通过机械实验来测量实验室相对于惯性系的运动速度"与他的结论有异曲同工之处。1905年爱因斯坦将这一原则推广至光学实验，并提出一个假说：即使通过测量光线传播，也无法判断实验室体系是静止或做匀速直线运动的，还是受制于一个引力场。爱因斯坦将其称为"惯性力与引力的等效性原理"，简称等效原理。

根据该原理，爱因斯坦能预言一些新的光学现象，并通过实验检验这一理论的正确性。在牛顿体系中，重力对光线的传播路径没有影响。但根据等效原理，万有力的作用相当于参考系的加速度，后者对光的传播有影响。静止电梯里与地板平行的光线将会在电梯加速时发生偏折。据此，爱因斯坦推断，引力场中光线的传播路径也会发生偏折。由于光速远远大于地球上的任何速度，所以光线偏折的角度极其小。但他同样指出，星体（位置固定）发出的光线，经太阳表面传播后，必将发生可观测的偏折，经计算，偏折度为 0.83″。太阳引力不是各向同性的，它指向太阳中心、并随离太阳表面距离的增加而减小。在普通情况下，太阳光十分强烈，会盖住周围星体发出的光，因此，爱因斯坦建议，只要在日全食时拍下星体在太阳附近的位置，并与太阳不在附近的位置相比较，就可以看出其位置的变化。届时可验证这一结论。

无论别人怎么看待爱因斯坦的理论，他确实提出了一个用实验检验理论的方法。由于日全食并不太常见，而且地球上只有少数几个位置适合观测。三年后，也就是1914年，人们才组建了一支远征队对此进行探测。不幸的是，在前往俄国时，第一次世界大战爆发了，远征队成员被俄国人俘虏，实验被迫终止。

2.6 告别布拉格

在布拉格担任教授的日子里，爱因斯坦不仅创立了他的新引力理论，还进一步发展了在伯尔尼确立的光量子理论。摄影师基本都知道紫光的作用远强于红光。他假设紫光量子比红光量子拥有更多能量，光化学作用实验结果与之不谋而合。随后，爱因斯坦提出与光子理论密切相关的简单假设：分子的化学分解总是发生在单一的光量子吸收上。1912年，在其发表的《光化学当量定律的热力学基础》一文中，他再次指出，这一假设也符合热力学的一般原理。

抵达布拉格后不久，爱因斯坦接到了母校苏黎世联邦理工学院理论物理学科的邀约。他告知布拉格大学，将于1912年夏季学期末离职。但他并没有将辞职表格递交给行政机关，维也纳教育部也没有收到他的离职申请。结果，"爱因斯坦卷宗"一直缺失那份离职申请书，好多年都处于无法查封状态。后来，爱因斯坦去维也纳演讲，才终于补全了档案材料。

在布拉格还有一件有趣的事情。像每一位奥地利教授一样，爱因斯坦也有一套类似海军军官制服一样的服饰：一顶镶翎的三角帽，装饰着宽大金边的外衣和裤子，一件非常暖和的黑大衣，还有一把佩剑。这样的制服只在宣誓就职或被奥地利皇帝召见的场合能穿。爱因斯坦在宣誓就职时穿过一次，离开时以半价转卖给了同事。六年后，奥地利王朝灭亡，捷克共和国在布拉格成立。教授们不再需要穿制服。1939年纳粹入侵捷克斯洛伐克，德国大学成为纳粹主义的东方堡垒。爱因斯坦的佩剑成为纳粹士兵的战利品，被视为是最后击败"国际犹太科学家"的象征物，直至1945年，红军攻占布拉格，这一象征才失去意义。

Chapter 3
爱因斯坦在柏林

3.1 索尔维会议

1912 年秋，爱因斯坦以教授的身份在苏黎世联邦理工学院工作。如今他已是这所学校的骄傲，而当初他连这儿的入学考试都未能通过。

早在 1910 年，兰帕就想让爱因斯坦来布拉格任职。他为此事还咨询过理论物理学泰斗马克斯·普朗克。马克斯·普朗克写信到布拉格的教师委员会，说："如果爱因斯坦的理论能被证实，那他就是二十世纪的哥白尼，我期待那一天的来临。"如今，爱因斯坦已笼罩在传奇光环之下，其成就被视为物理学界的转折点，堪比哥白尼。

1911 年，几个世界著名的物理学家前往布鲁塞尔参加会议，讨论了现代物理学中的危机问题。会议的全部费用由举办者比利时富翁欧内斯特·索尔维承担。索尔维是化学工业领域的成功人士，对过时的机械物理理论相当感兴趣。因此在与其有交情的物理和化学界领军人物瓦尔特·能斯特的建议下，多次举办了顶尖的物理学家会议，俗称"索尔维会议"。与会者名单由瓦尔特·能斯特亲自确定，人员包括英国的欧内斯特·卢瑟福（1871—1937）、法国的亨利·庞加莱（1854—1912）、保罗·朗之万（1872—1946）、德国的马克思·普朗克和瓦尔特·能斯特、荷兰的德瑞克·安图恩·洛伦兹（1853—1928）以及在巴黎工作的波兰人玛丽·居里（1867—1934）。毋庸赘言，爱因斯坦也是其中一位，他代表奥地利出席会议，

1911 年索尔维会议

同行的还有与他势不两立的维也纳人弗兰兹。这是爱因斯坦第一次有幸见到这么多伟大的科学家，他们的思想引领着当时的物理界。

爱因斯坦一直关注如何改进自己理论中的不足之处。他用最简单的数学方法解决了他的理论问题。并且觉得"高等数学中"的"高等"二字太过浮夸，使用"高等"字眼不是为了解决问题，相反有哗众取宠之嫌。爱因斯坦在布拉格时就感觉到，发展一般理论需要更加复杂的数学方法，然而当时他尚未掌握。在苏黎世，爱因斯坦发现与老朋友马塞尔·格罗斯曼做了同事，之后便一直向他学习了数学新方法。通过与格罗斯曼的合作，爱因斯坦成功建构了重力场理论的初步框架。该框架包含了重力场运动的各种情况。1913 年，尽管还有许多瑕疵，爱因斯坦还是著书出版了。一战期间，爱因斯坦将其整个理论体系著书出版，瑕疵才得以修正。

3.2 维也纳之旅

1913 年秋，维也纳召开了德国科学家与物理学家大会，爱因斯坦应邀参加，从最浅显易懂的观点出发，循序渐进讲解，尽量让听众明白这一事实：只要前人的理论存在缺陷和不足，就有必要做出根本改变。

爱因斯坦这样解释自己的理论：

> 首先，电的本质研究只考虑了电厂力。人们发现了电荷之间的相互作用，包括吸引力和排斥力。力的强度随电荷间距离的平方而减小，与牛顿万有引力别无二致。后来，人们

发现了电流，接着又发现运动的磁体和电荷都能产生电流，由此促进了电的工业应用。最后，电磁波被发现，并应用于无线电通信和广播领域。谁也没想到，这一切伟大的成就仅始于电荷间简单的相互作用。对万有引力理论，我们的认知仍然处于初始阶段，仅仅停留在熟悉物质之间的吸引规律。我们必须创造一个比牛顿万有引力定律更有解释力的引力理论。这就像人们从本杰明·富兰克林[①]的理论中发展了无线电波理论一样。

爱因斯坦趁着在维也纳的日子结识了物理学家、哲学家恩斯特·马赫。他的思想深深影响了爱因斯坦的理论。

虽然，爱因斯坦相当钦佩马赫物理逻辑结构的理念，但其中有些观点他不认同。据爱因斯坦判断，马赫不相信一些科学家的观点，即通过想象力建立的一般规律不仅仅是对事实的省力描写。马赫主张，科学就是用函数关系对感觉要素及其相互关系的模写。模写是简单化和抽象化的思维，思维具有经济倾向。在这里，"思维经济原则"指的是，以最少的劳动和思维消耗、最简单的方法和最简短的时间，对事实做出最完善的陈述，进而获得最为丰富的思维成果。马赫认为，科学的一般规律仅是让人们更容易记住个别事实的一种方式。"更容易"指的是"不费力"，所谓的"经济"似乎是心理学上"省力"。

交谈后，爱因斯坦问马赫："假设气体中存在原子，那么我们就可以预测到这种气体的可观测性质。不做这样的假设，

①杰明·富兰克林：美国著名的政治家、物理学家，同时也是出版商、印刷商、记者、作家、慈善家，更是杰出的外交家及发明家。是美国独立战争时重要的领导人之一。

则不能。如果一定要做预测，就需要经过复杂、艰难、繁琐的运算过程。您会接受这样的假设吗？当然，我的意思是，只有通过假设气体中存在原子，才能预测气体几个可观测性质之间的关联。就这种情况而言，原子存在的假设是不是可视为'经济的'呢？"

马赫回应："如果借助原子存在假说，人们可以建立几个可观测性质之间的关联，不建立其联系就孤立了，那我认为这是'经济的'。借助这样的假说，各种观察结果间的联系都能从一个假设中推导出来。因此，即使运算过程复杂又艰难，我也不会拒绝。"

爱因斯坦对这个回答非常满意，接着说："那么，您说到的'简单'和'经济'不是指'心理上的省力'，而是'逻辑上的省力'。可观测性质应当尽量从最少的假设中推导出来，即使这些假设看上去是'任意的'，运算也是繁琐的。"

既然以逻辑的方式解释了"经济"，那么从物理理论的标准来讲，爱因斯坦和马赫的观点就不再有冲突，马赫最终在两人的对话中做出了让步。

3.3 柏林相邀

历经多年，柏林不仅成为了政治和经济中心，更化身为艺术与科学活动中心。

威廉二世对物理和化学研究感兴趣，对现代圣经研究也特别感兴趣。他联合实业家、商人和银行家一起成立了威廉皇帝科学促进协会，希望借助自己的影响力，在德国创办一所像美国一样的专门负责科学研究的机构。这样一来，也能够为一些因政治等原因未被政府重用的科学家，提供一个可以继续完成使命的场所。

威廉皇帝科学促进协会的首任主席由自由主义新教神学家阿道夫·哈纳克担任。德国物理界的两位领军人物马克斯·普朗克和瓦尔特·能斯特恳求哈纳克能邀请物理界新星——阿尔伯特·爱因斯坦来柏林任职。

两人亲自去找爱因斯坦，表明这份邀请会给爱因斯坦带来很多好处。普鲁士皇家科学院会带给他学术荣誉，还能给予他柏林大学教授的头衔和比在苏黎世更为丰厚的薪水。此外，爱因斯坦可以全身心投入研究，并且有机会结识柏林众多的杰出物理学家、化学家以及数学家。这些人虽然来自不同领域，却都擅长独立思考，能够带给他更多新思想的激发，对他的批判也会让他大有裨益，与他们共事是爱因斯坦期盼已久的愿望。最关键的是，不用再按部就班上课，这让他感到十分轻松。

当然，要他做出重返德国的决定也有点困难。学生时代他费尽周折才逃离德国。当年的德国生活在他的记忆里并不愉快，而今重返仅为那份称心如意的职位，这多少让他觉得是一种背叛。于他而言，重返德国的决定是一种人格与情感的思想博弈：作为一名科学研究员，回柏林有很多好处；而作为社会群体的一员，他却不愿意回去。

做出重返决定，爱因斯坦还考虑了个人因素。他有一位伯父住在柏林，是位相当成功的商人，女儿艾尔莎是名新寡。当年在慕尼黑，年幼的艾尔莎经常去他家，这个友善开朗的小姑娘让他记忆深刻。想到在柏林有艾尔莎做伴，爱因斯坦对这个普鲁士首都愈发有好感了。最终，他接受了普朗克和能斯特的提议，于1913年底离开苏黎世，前往柏林。

3.4 柏林的学术地位

成为普鲁士皇家科学院成员时，爱因斯坦年仅三十四岁，同事都比他大。年龄和思想上的不同让他感受到了强烈的疏离感。但是，对于科学院里那些不可避免的滑稽事爱因斯坦却能坦然接受，就算是国家最伟大的科学家也必须处理一些无关紧要的琐事，而且还必须郑重其事、一本正经，要像对待重大科学问题一样去处理，滑稽得很。例如：科学院的出版物要制成两册还是三册？到底是给 A 一百分，还是给 B 一百二十分？还有刊登在科学院学报上的论文，即便对大多数成员而言，那些专业性很强的论文常常高深莫测、听来索然无味，但仍要在开会时讲一讲。诸如此类的事太多了。总之，认真行事的态度与繁杂琐事现实之间的矛盾显得格外滑稽。

拉登堡教授是一位德国物理学家，他曾在柏林与爱因斯坦共同工作过很长一段时间，现就职于普林斯顿大学。他曾对我说："柏林只有两类物理学家，爱因斯坦是一类，其他物理学家是一类。"此话准确描述出了爱因斯坦的学术地位。但他的超然离群、与众不同、引人注目或许这样描述更为贴切："爱因斯坦自成一类。"

因超然离群的个性，爱因斯坦与人合作的态度和对教授这一职业的态度非常矛盾。过去他常说，科学家养家糊口就像"鞋匠的工作"一样令他嗤之以鼻。他的信条是仅为爱好而工作。作为一名技术专家或老师，他异常活跃，做的总是一些有价值的事情，这样他问心无愧。每每拿到研发报酬，他就想："如果研发的东西没有人要、我没有任何新发现，雇主一定会失望，说我只拿钱不干活。"

但造化弄人，到柏林后，爱因斯坦最终成为他不想成为的人——一个纯科研工作者。在柏林时如此，后来他到普林斯顿大学后，也做着类似的工作。

爱因斯坦与周遭关系的矛盾冲突，从其不愿按部就班上课可窥一斑。很多物理和其他学科的专家几乎不关注专业以外的复杂事物。他们习惯夸大"学科"的重要性，认为对学科以外的事务投入过多精力是对纯研究的背叛，是一种不专业的表现。爱因斯坦则反对这种观点，他更愿意听大家跟他讲最复杂的物理理论。他不但能很快掌握别人所述的精髓，还能给出中肯的批评和建设性的评论。显然，爱因斯坦并不是现代意义的"老师"。他与大部分老师不一样，他对社会问题情有独钟，对科学教学地位、人类社会生活等都感兴趣，而且总想澄清科学与社会、宗教和国际合作间的互惠关系。

柏林很多大学都有个惯例：每周要召开一次物理会议，对近期发表的成果进行讨论，为不同机构的物理学家提供了一个切磋学术的平台。在这里，他们就新发现和新理论交换意见和想法。那段日子，也就是1913年到1933年，研讨会别开生面。与会者除了爱因斯坦、普朗克、能斯特之外，

普朗克拍摄于自家的普朗克庄园

还有马克斯·劳厄[1]、詹姆斯·弗兰克和古斯塔夫·赫兹[2]、原子物理学家、放射化学家莉泽·迈特纳，爱因斯坦称其为"德国的居里夫人"，在私下场合多次说她比居里夫人更具天赋。后来，量子力学的奠基人奥地利物理学家埃尔温·薛定谔也加入进来。

在与这些杰出物理学家研讨的过程中，爱因斯坦受益良多。他定期出席会议，积极参加讨论。爱因斯坦喜欢把问题分成各部

---

[1] 马克斯·劳厄：德国物理学家，1912年发现了晶体的X射线衍射现象，并因此获得诺贝尔物理学奖。

[2] 古斯塔夫·赫兹：德国物理学家，于1888年首先证实了电磁波的存在。完成了电子碰撞的弗兰克—赫兹实验。即电子和原子碰撞时，谱线群和能量损失相对于原子静态能量状态的定量关系。

分，他的评论让与会者精神振奋。只要他一提问，就能激励在场的所有人。这样的场合，总有些人羞于提问，因为他们不愿表现出一副什么都不懂的样子，这样，他们通常要花费最长时间来理解一些不懂的东西。而爱因斯坦不一样，他反应快，也不怕问一些幼稚的问题，所以他经常提问。这些看似"幼稚的"问题通常具有促进作用，因为这些都是根本问题——没人敢触及的根本问题。许多专家假装懂这些根本问题，因此他们更乐意去研究探寻这些问题的解释之道。爱因斯坦则相反，他的问题通常都指向那些看上去不言自明的原则，这让整个研讨会充满魅力。1933 年爱因斯坦离开了柏林，曾经辉煌一时的研讨会也落下了帷幕。

3.5 柏林的同事

爱因斯坦对教师职业的态度与他和同事们的相处模式有关。同事对他的第一印象无一例外都是——一个讨人喜欢的人，朴实、善良、自然。对每个人都很亲切，不论对方是什么身份，对高官政客他也很友善，因为他有很强大的内心，明白没必要用冷淡的态度表明自己的独立。法人团体、教授团队、大学院系经常有勾心斗角的事发生，但爱因斯坦从不参与，这样一来，他对任何人都不构成威胁。他与人交谈甚是友好，喜欢讲笑话也喜欢听别人讲笑话。他避免处在引人注目的位置，不把自己的意愿强加给任何人。爱因斯坦总为自己保留着一个"自由空间"——这个由艺术和科学想象力共同打造的巨大空间，让他远离了世间的纷纷扰扰。

爱因斯坦在柏林所处的环境有一些特征，有人把它们叫作民族特点，也有人把它们叫作文化特点。这与当时强调德意志国家和日耳曼民族的优越性密不可分。这些特征在爱因斯坦心中产生了寂寞疏离之感。

普鲁士人及其效仿者冷酷无情、单调机械的做事方式让爱因斯坦一开始就特别气恼。有时，谈及这些感受，爱因斯坦说："这些金发碧眼的人很冷酷，总让我不安，他们待人从不将心比心，任何事都要向他们解释得清清楚楚。" 因此，不同背景的人，尤其是对爱因斯坦这样看重人与人之间关系的人来说，与他们在一起注定会产生许许多多的矛盾。与马克斯·普朗克的交往，爱因斯坦就体验过这种疏离感。尽管马克斯·普朗克十分认同爱因斯坦科学家的身份，对他评价颇高，也支持、帮助他进入德国科学院，但爱因斯坦还是能感觉到普朗克的情感和想法与自己完全对立。后来奥地利人埃尔温·薛定谔[1]，以普朗克继任者的身份来到柏林。薛定谔和爱因斯坦两人没有任何隔阂，很快就对彼此有了深入的了解。他们达成共识，遵循康德倡导的"绝对命令"原则，往来也不需繁文缛节。

爱因斯坦在学术圈很孤独，他不愿参与、也不认真对待日常学术生活。学者的学术日常主要是讲讲自己和他人论文发表的频率，讨论各个教授的优缺点、哪个大学赋予了谁什么荣誉，以及谁培养了多少能在学术界占有一席之地的学生等等。

综合上述闲聊问题，他们对利益的狂热追逐一目了然。所以，爱因斯坦几乎不参加这种学术日常。他觉得这类问题的讨

---

[1] 埃尔温·薛定谔：奥地利物理学家，量子力学奠基人之一，发展了分子生物学。维也纳大学哲学博士。

论对科学研究毫无价值，且有失公允。然而，我们不应忽略这样一个事实：如果一个人不愿参与大多数教授的学术日常，他也就失去了对大多数人产生具体影响的机会。每个社会团体的组织建构都是小事与要事并重，厌恶小事，很可能他也就丧失对重大事件做出影响的机会。可爱因斯坦并不喜欢以这种方式来扩大自己的影响，所以他不参加这样的活动。

因不屑流言蜚语，爱因斯坦有更多的时间与同事讨论大众普遍感兴趣的科学问题。爱因斯坦虚心好学，经常向人请教，即使是年轻的同事，只要比他精通某些问题，他都会躬身求教，聆听意见。整个气氛轻松愉快、和谐平等。

爱因斯坦总是努力做一个随和的人。有一次，他要去拜访柏林科学院著名心理学家施通普夫教授。他打听到，施通普夫教授对空间知觉问题有浓厚的兴趣。他觉得可以利用拜访的机会与其讨论这些问题。一次偶然的机会，得知施通普夫在家，爱因斯坦便于上午十一点出发。没想到教授不在家，爱因斯坦不愿麻烦他人，便打算稍后再来。再次来访时，教授已经休息了，于是他又出去转了一圈，下午四点返回，最终见到了施通普夫教授。

施通普夫教授和妻子见到爱因斯坦都非常开心，以为他是来正式拜访的，结果爱因斯坦却与他们聊起相对论，并详细讲解了相对论与空间问题的关联。施通普夫教授是心理学家，并没有太多数学知识，对爱因斯坦讲的东西知之甚少，如坠云雾，根本插不上话。四十分钟过后，爱因斯坦才想起，他原本要正式介绍自己，却一直在讲相对论和空间知觉问题。此时时间已晚，他告辞了。施通普夫夫妇目瞪口呆，因为他们还没来得及问礼节性的问题，诸如"你喜欢柏林吗？"以及"夫人和孩子现在还好吗？"等等。

3.6 柏林的学生

在柏林，爱因斯坦主要的活动是与同事和学生讨论他们的工作和学习，或对他们的研究提点建议。他没有参与按部就班的日常授课，只是开讲座，有些内容是他自己的研究，有些则是适合普通听众的基本课程。

一方面，对承担日常授课的教授们来说，指导学生做研究是他们的主要职责之一。在德国大学老师最荣耀的是能指导学生进行科学研究、发表论文。为此，就算学生资质平庸，缺乏独立思想能力，教授们也会给他们提供研究课题的机会，激励他们做下去，直至完成。虽然这些研究由教授们自己做，会做得更快、更好，也更省力。另一方面，许多教授也需要将自己研究的课题分成若干子课题交给学生，共同来完成研究，学生所承担的工作相对简单些，这样做研究会更细致，也容易体现价值。不过，虽然老师和学生能够在这种模式下全心全意投入研究，但把论文看成终结目的却不免忽视了在研究中更应该关注的问题。

爱因斯坦对这种研究模式毫无兴趣。更重要的是，他不喜欢简单易解的研究，他更喜欢解决基础研究中所碰到的难题。他敬佩两种人，一种是致力于解决问题的人，另一种是虽然自己无法解决，但能让世界知道问题的人。

科学业余爱好者经常会写信给大学教授咨询科学问题，这

爱因斯坦 1920 年

些问题中也包含一些千奇百怪的伪科学问题。对此现象，爱因斯坦与同事们的处理方式截然不同，他会很有耐心地回答这些伪科学问题。从很多方面看，爱因斯坦比其他科学家更善于解决这些问题。就算是杰出的教授在解答这些问题时都呈现两种状态，要么因为太关注自己的研究思想，很难理解和接受这种离经叛道的思想，要么就是采用不常见于科学书籍中的方式来回答这些问题。爱因斯坦则不然，他非常喜欢处理这些异议。业余爱好者经常阅读并讨论他的相对论，他们的问题十分宝贵。

爱因斯坦的心态及其对科学研究的态度，使他与学生关系友好。学生碰到的问题，即使很简单，只要有趣，他都会不遗余力给予解答。尽管有时候时间很紧，他也毫不犹豫去解答。我到布拉格接替爱因斯坦的工作时，听到他跟学生说："你们若碰到问题，我随时欢迎你们来找我。你们不会打扰我，我可以随时中断手中的工作，也能马上回到工作状态。"相比，其他教授总跟学生说忙，也不喜欢在工作时被打扰，因为一旦思路被打断，灵感可能荡然无存。但当大家以工作忙没有时间为荣时，爱因斯坦则以拥有大把时间为傲。这就是爱因斯坦与众不同之处。他的思想犹如汩汩流淌的泉水，任何时候被打断都不会有影响，因为这就如一块掷入洪流中的小石子，无法阻挡那汹涌之势。

爱因斯坦与学生关系亲密还有一个原因。他需要大声向别人阐释自己的观点，以此来厘清思路。因此，他常常和学生谈论科学问题，告诉学生他的新想法。不过，爱因斯坦并不太在意他的听众能否完全理解，只要他们不是太愚钝或是完全没有兴趣就可以。

3.7 第一次世界大战

爱因斯坦在柏林待了不到一年，第一次世界大战就在1914

年 8 月爆发了。战争的狂热席卷了德国，激发了人们极大的爱国热情，个人命运与德意志帝国休戚与共，大家不再为自己而活。这种现状对许多人而言是个极大的宽慰。

然而，在奥地利——斯拉夫民族的中心区域，人们无法理解德国人的狂热。在布拉格时，爱因斯坦切身感受到，奥地利的外交政策逐渐沦为德国人实现目的的工具。因此，他做不到与柏林人分享这种狂热，这种众人皆醉我独醒的感觉让他觉得特别糟糕。他只能无声反抗，可又招人讨厌，幸好还有退路。来柏林时，他保留了瑞士国籍。这样，作为中立国公民，并没有太多人指责他对战争不够关心。

我现在还清楚地记得，一战期间我第一次拜访他的场景。临走时，他对我说："你都不知道，能听到外界的声音、能和人自由地谈天说地是件多么开心的事。"

战争开始后，在真刀真枪的战场之外，还存在一个"知识分子的战场"。在这个战场，两派知识分子利用"知识的武器"互相攻防。德国军队袭击中立国比利时的举措震惊了西欧人民："我们热爱德国的音乐，欣赏德国的科学，可是这些人怎么能做出如此不义的行径？"当时流传着两个德国的说法：一个是歌德的德国，另一个是俾斯麦^①的德国。

这让德国政府恼怒不堪。他们下令，要求知识分子公开支持德国的军事和外交行动。在著名的《德国九十二位知识分子宣言》中，九十二名杰出的德国艺术和科学代表赞成，德国文

---

① 俾斯麦：德意志帝国首任宰相（1871—1890 年），人称"铁血宰相"。

化与德国军国主义精神是相辅相成的。宣言的核心内容是："德国文化与德国军国主义是完全一致的。"德国人认为，这是国人对生命的斗争。而盟军却认为这是犬儒主义的巅峰行径。

爱因斯坦没有在这份宣言上签名。不过，这份宣言的确是当时德国领军艺术家和科学家的共同愿望。与爱因斯坦一样，任何拒绝签署这份宣言的人都被视作在危难时刻抛弃了人民的叛徒。幸好，爱因斯坦是瑞士国籍，才没被视作叛徒。

我们可以理解，面对儿时憎恶的军国主义，现在却要全力支持，这对于爱因斯坦来说有多难。

3.8 战时生活

一战期间，柏林报纸刊登的都是德军的捷报，举国欢呼雀跃，街头巷尾都在议论战后德国管辖哪片征服的领土？波兰是自治还是做德国的附庸国？或者计算被德国潜艇击沉的英国商船数量，甚至有人为击沉的船只做了统计图表。他们每天从报纸上收集数据，一丝不苟地计算总数，就像是商人在做年度财务报表一样。

战时的爱因斯坦身体一直抱恙。好在那时他与慕尼黑的亲戚有联系，可以常去亲戚家吃家常饭，不必顿顿去饭店。

战争还没结束，爱因斯坦迎娶了他的第二任妻子——表妹艾尔莎。她虽不像米列娃·玛丽切奇那样可以与爱因斯坦讨论物理，但她积极乐观、落落大方，给爱因斯坦的世界带来了快乐。无论夫妻二人如何经营，伟人的婚姻生活总是个难题。尼采曾说："说到底，已婚的哲学家就是个可笑的人物。"

爱因斯坦和艾尔莎

　　这段时间，爱因斯坦的第一任妻子和两个儿子还生活在瑞士。这让爱因斯坦财政吃紧，从德国汇款到瑞士很难，汇率极高。随着战争持续发展，状况更是如此。但米列娃·玛丽切奇不愿来德国生活，毕竟她从学生时代就和瑞士结下难解难分的情愫了。

Chapter 4
相对论

4.1 爱因斯坦的两个假设

牛顿力学包含了一个"相对性原理"，即只需知道初始坐标和初始速度，就可预测未来某一时刻任何物体相对于惯性系的运动，这与惯性系本身的运动毫无关系。

"光速不变原理"指，假设有一个基本参考系 F，光在 F 中以特定速度 c 运动。不管光源相对于 F 如何运动，其发射的光总是以相同的速度 c 相对于 F 运动。

从上述两个基本假设（相对性原理和光速不变原理）出发，爱因斯坦得出这样的结论：不仅光的力学理论是错误的，牛顿力学对于一般物体的描述也不总是正确的。

爱因斯坦的基本原理不仅推导出了与牛顿力学相冲突的结论，也引起了"空间"和"时间"在用法上的巨大变化。

将其看作是数学家制造的幻象，或是作者哗众取宠的夸大。但是，能见证自然宇宙观的倾覆，仍然是一件幸事。

爱因斯坦的假设可以肩负起一项重要任务。他从低速运动（速度远小于光速）出发，假设物体的运动遵从牛顿运动定律，进而成功推导出了高速运动的物体应满足的定律。其中最主要的结论，也是最让人震惊的事实是，物体的质量也依赖于物体的速度。这与时间间隔和空间间隔对速度的依赖是同样道理的。当运动速度趋于光速时，物体的质量越来越大，一个恒定的力施与物体的加速度将越来越小。因此，即使用再强的力无限长时间施加于粒子，粒子的速度也无法达到光速。

通过爱因斯坦的质能关系式，人们终于知道太阳源源不断的能量从何而来。数十亿年前，太阳就像现在一样，一直以相同的速率发射光和热量。如果这些能量来源于普通的燃烧过程（例如煤炭的燃烧），那么太阳早就燃尽了，科学家对此一直百思不得其解。直到爱因斯坦提出方程 $E=mc^2$，说明能量为质量与光速平方的乘积。光速（c）本身数值很大，其平方值则更大，这使得很小的质量就能转化为极大的能量。而太阳具有不可估测的巨大质量，因此能够几十亿年持续不断地向宇宙中辐射热量，并且还将继续辐射下去。

人们欣喜地认识到，如果质量能够作为能量的来源，那么想必有办法将原子核结合过程中放射的能量提取出来，供人们使用。但同时，也存在着另一种毁灭性的可能，这种巨大的能量若被用于制作炸弹，只需要一磅的物质，就能把方圆几百英里的城市夷为平地。四十年后，当第一颗原子弹投入日本广岛时，这种不祥的预感应验了。

然而，对爱因斯坦来说，其研究成果的主要意义并不在于应用。他认为自己最主要的成就是从相对性原理推出了 $E=mc^2$ 的规律。这一成果符合爱因斯坦的宇宙观，即通过不断地努力，去发现自然规律中简单而富有逻辑性的内在关联。从爱因斯坦的两个基本假设出发，得到了内容丰富的衍生推论，组成了现在所说的"相对论"（*theory of relativity*）。爱因斯坦挖掘了一口饱含自然奥秘的深井，在其后的数十年里都源源不断地向人们传授着自然的真谛。

4.2 万有引力的新理论——"弯曲空间"

1916 年，爱因斯坦发明了一套完全独立的万有引力统一理论。阐释爱因斯坦的新理论最困难的地方在于，新理论彻底地打破了牛顿体系的框架，那些人们熟悉的"力""加速度""绝对空间"等概念将彻底消失。

根据牛顿惯性定律（即牛顿第一定律），在无外力作用下，运动的物体将做匀速直线运动，这一定律与物体本身的质量及其他物理性质完全无关。而根据牛顿第二定律，外力作用在物体上时，其加速度将与其质量成反比，不同质量的物体在同样的外力作用下将作不同的运动。因此，为描述外力作用下的运动，必须加入一个量，即质量。

爱因斯坦在 1911 年提出的引力理论中指出，重力不同于其他的力，它对物体的作用与物体自身的质量无关。并且，引力场中的引力无法与实验室加速度产生的惯性力区分。这说明，除了不受外力作用的运动外，在匀强引力场作用下的运动也可以用纯几何的方式来描述。

以此为基础，爱因斯坦面临着一个新问题："引力场中运动物体的运动路径如何以纯几何进行描述？"

爱因斯坦试图从以下观念解答这一问题：存有引力场的空间与在旧观念中"没有任何力"的空间，它们的几何规则有所不同。这个过于新颖的观点使得习惯了十九世纪物理体系观念的物理学家和数学家十分困惑。为了便于理解，让我们回想一下科学的实证主义观，尤其是庞加莱提出的，"数学命题的真实性在于，只有当其中的直线、点等概念被赋予了物理可操作性意义时才能被常识经验所验证。"例如，我们应当以某种铁杆为标准定义"直线"，据此只需测量这种铁杆组成的三角形内角，即可验证三角形内角和定理。通过其他方法，我们又可测量判断这些杆子是否为真正符合几何定义的"直线"。例如，测量铁杆长度，观察其是否为两个端点之间的最短距离。当然，为了能够实施该测量，我们又需要定义一种测量曲线长度的手段。设想一个三角形的三条边都是"两点之间最短连线"所定义的直线段，若这个三角形的内角和不是180°，将面临如下困境：如果我们承认直线的定义是正确的，那么三角形的内角和定理则是错误的；反过来，如果我们认定三角形的内角和必须是180°，则直线的定义又是错误的，即两点之间的最短连线可能不是直线。选择接受哪一定理，这是我们的自由；但是在欧几里得几何学体系下，这两个定理不可能全都正确。

爱因斯坦理论最基本的假设可以表达为另一种形式：在存

在物质及其引力的空间中，欧几里得几何将不再成立。这种空间中，两点之间最短距离的连线有着特殊意义，经这样连线组成的三角形其内角和并不是180°。

欧几里得空间和爱因斯坦"弯曲"空间的差别可以类比于平面和曲面之间的差别。所有在平面上的三角形都满足欧式定理，那曲面上的三角形呢？以地球为例，只考虑地球表面上的点（不考虑地球"上空"或"地下"的点），这些点之间的连线都不是通常意义上的"直线"。但是球面上两点之间最短距离的连线在航海学和测地学上也极具意义，它被称为测地线（Geodesic line）。对于球面而言，测地线是大圆的圆弧，地球上所有的经线及赤道都是测地线。想象一个由测地线围成的三角形，以地球上由经线和赤道围成的三角形为例，它的顶点可以是南极点和赤道上任意的两点。由于所有经线都与纬线垂直，三角形中赤道和经线相交的两个角都是直角，两内角和已经是180°，再加上南极点处的内角，该三角形三个内角之和必然大于180°。该例说明，所有曲面上的三角形，其内角和都不为180°。反言之，只要一个表面上测地线所围成的三角形内角和不是180°，那么该表面就是曲面。

这种对曲面的定义可以推广到空间中。根据爱因斯坦的理论，物质的存在对空间造成了某种扭曲，一个粒子在引力场中的运动路径由引力空间的曲率决定。爱因斯坦发现用弯曲空间（Curved space）的几何学来描述物体运动的路径比用牛顿定律里"直线""力"等概念更为简单。另外，爱因斯坦还发现，不仅仅是物质粒子，光线在引力场中的路径也可以用弯曲空间

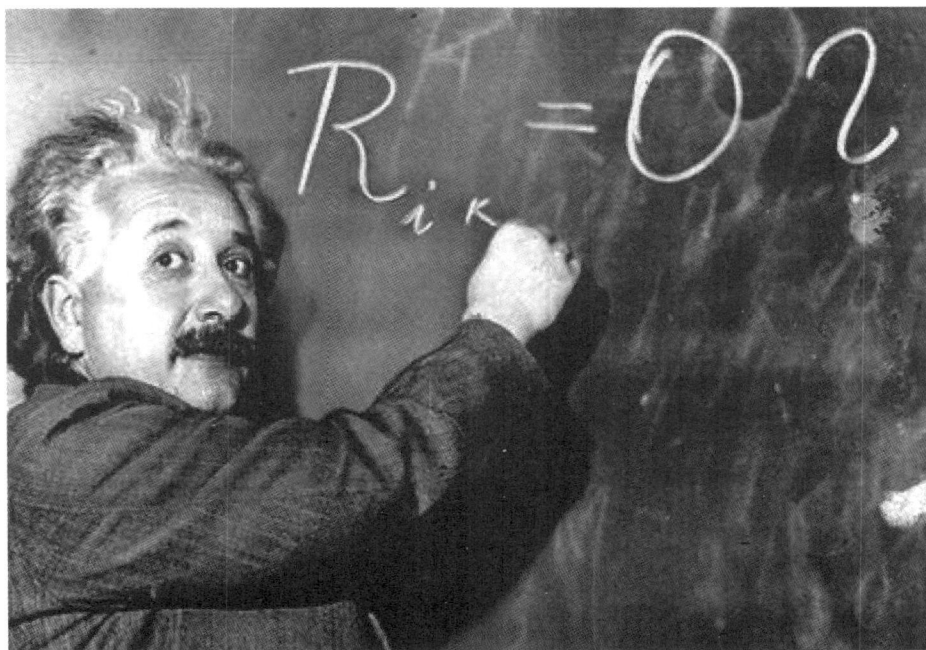

爱因斯坦

测地线这样简单的方式进行描述；反过来，空间的曲率则可以通过观察运动物体和光线的路径测得。

综上，"弯曲空间"的含义仅仅是指这种空间中由测地线组成的三角形内角之和不为180°。由于欧式空间与引力空间的关系可类比于平面与曲面之间的关系，鉴于此，我们将引力空间称为"弯曲空间"。弯曲空间只是通过三角形内角和测量定义的一种空间，因此，试图探知"弯曲空间"的景象注定徒劳无功。

4.3 四维空间的意义

我们如果想完整描述某个粒子的运动，不仅要给出其运动轨迹，还要给出它在每个时刻的位置。例如，牛顿第一定律：未受外力作用的粒子不只沿直线运动，且运动速度恒定不变。

对于运动的描述，在轨迹维度上再加一个时间维度，这种几何形式就能完整地呈现运动信息。以最简单的直线运动为例，粒子运动的轨迹是一条直线，粒子的位置信息可以通过测量它离直线上某一个确立点的距离来标定。现在我们在一张纸上画一条直线，线上的刻度代表粒子运动的距离，然后在与第一条线垂直的方向画另一条直线代表时间，那么纸上的一个点就可以同时表示运动距离和运动时间，这些点的连线则完整地呈现了物体的运动。如果物体做匀速运动，那么这条连线也是一条直线。通过该方式，直线运动（或者说一维运动）的完整信息就能在平面上表示出来——即二维空间的表示。我们生活的空间为三维空间，日常所见的运动轨迹一般都是三维的。以房间里的小球为例，我们需要三个数字来标定其位置：距离两面相互垂直的墙的距离以及距离地板的距离。物体运动的轨迹本身便是三维的，再加上时间信息，一共需要用四个维度来完整地表示物体运动。因此，三维空间中粒子的运动可以被四维空间里的曲线全面确定。

运动是四维空间中的曲线，这一思想是爱因斯坦万有引力理论的出发点。当没有重力和其他力时，运动是平直四维空间中的一条直线。爱因斯坦假设，如果只有重力而没有其他作用力，空间将被弯曲。弯曲空间中没有直线，其两点之间距离最短的连线——测地线——是弯曲空间里最简单的曲线，这就是物体的运动轨迹。因此，粒子在重力作用下的运动可表示为四维弯曲空间中的测地线，空间的曲率取决于产生引力场的质量分布。

因此，爱因斯坦的广义相对论（general theory of relativity）由两组定理组成：

一、场方程（The field laws），用来描述质量如何引起空间的弯曲。

二、运动定律（The laws of motion），描述在曲率已知的弯曲空间中，怎样获得测地线，从而获得物质粒子和光在其中的运动。

按照爱因斯坦的新理论，通过空间中存在的物质体，人们可以计算出空间的曲率，从而进一步计算物体的运动。

4.4 实验检验理论

爱因斯坦的理论从一开始就是基于逻辑的简单性和普适性而建立的，其新理论大胆而疯狂，颠覆了牛顿理论体系。但如果该理论的意义仅停留在数学——哲学层面上，未经实验验证，那么它对解释物理事实将毫无意义。

爱因斯坦从数学上证明，在"弱"引力场中，其理论与牛顿理论预测出的结果一致。两者除了四维空间概念外，唯一区别便是空间曲率。我们生活的三维空间曲率极小，可忽略不计，所以两个理论预测的结果相当接近。以地球公转为例，爱因斯坦理论计算的结果与牛顿第二定律及万有引力定律计算的结果完全相同。只有当物体的运动速度接近光速时，这两种理论的差别才能被察觉。

为了找到空间曲率影响显著的现象，爱因斯坦从天体的观测数据中提取出与牛顿理论计算结果不吻合的例子。一直以来，人们公认，水星运行与牛顿理论的预测有所偏差，而水星又是离太阳最近、受到太阳引力影响最大的行星。根据牛顿理论，所有的行星都应该在以星空为背景的固定椭圆轨道上运动。但是，水星绕太阳公转的椭圆轨道每一百年旋转43.5 "。爱因斯坦的理论计算预言了水星轨道的旋进，为该矛盾做出解释。

爱因斯坦的第二个预言是引力场中的光线偏折。还在布拉格时，他就提出光线经过太阳表面传播时可能发生偏折。根据牛顿力学和爱因斯坦在1911年建立的引力理论，偏折角度应当为0.87 "。但根据爱因斯坦的弯曲空间理论，偏折角度则应该是之前计算结果的两倍，即1.75 "。

爱因斯坦的第三个预言是引力红移。计算表明，恒星放射出的光要穿过恒星本身的引力场，因此会有频率的红移（即波长变长）。但是这种红移效应很小，即使是太阳发出的光，其波长变化也难以观测。不过，对于致密星系（如小天狼星），这种引力红移的效应就可以被观测到。

在爱因斯坦理论所预言的这三种现象中，当时只有水星轨道的旋进是已知的现象，另外两种现象见所未见，更无人试猜。数年之后，两者得到验证，证明了爱因斯坦理论的正确性。爱因斯坦能够根据崭新的基本规律和简洁的逻辑发展一套理论，并且用该理论预言出令人惊叹的结果，无疑举世瞩目！而这也正是爱因斯坦的伟大之处。

4.5 宇宙难题

早在大多数物理学家能透彻地理解爱因斯坦理论之前，爱因斯坦本人就清楚地认识到，他的理论还不足以对宇宙整体做出准确的表述。

十九世纪主流宇宙观认为，质量或多或少充满整个宇宙。然而，如果这些物质之间的相互作用符合牛顿定律，那么就会遇到另一个问题。对于非常遥远的物质，质量的作用力极其微小。但是由于宇宙有无限的空间，无限远处的物质总量是无穷大的，因此也会施加无限强的作用力。而观测数据证明宇宙中的星体似乎并没有被这种巨大的作用力影响，否则它们将会在力的作用下达到极高的运动速度。而事实上，所有天体的速度都远小于光速。

爱因斯坦解决了这一模型中的关键问题。在弯曲空间理论中，物质在整个宇宙中均匀分布，但并不意味着物质的总量无限。由于弯曲空间的效应，宇宙很可能并不是无限延伸的。这也不等于承认宇宙有边界。为了理解这种情况，不妨借鉴之前对于弯曲空间的解释。地球表面就是一个二维的弯曲表面，它既没有边界，也不是无穷尽的。城市在地表近似均匀地分布着，但城市的总数量是确定的。沿着测地线一直走下去，最终会回到原点。同样的道理，宇宙也可能是类似的、有限却没有边界的空间。因此，宇宙中有多少物质、宇宙的"曲率半径"是多少、宇宙的平均密度是多少等这样的问题都别具意义。

4.6 验证理论的远征队

爱因斯坦的引力理论虽然在数学上兼具优美的形式和简单的逻辑，但仅有这些是不够的。天文学观测者仍然怀疑新理论是否做出正确的预测。爱因斯坦本人常把新理论比喻成礼服：光彩夺目，但女士只有穿它赴宴，才知是否合适、能否衬托其优雅美丽。日食实验便是女士身着礼服亮相的首场社交宴会。

世界大战期间，爱因斯坦的论文流传到了英国。虽然英国人很难接受，但是不列颠人民还是以令人钦佩的胆识，不惜改变英格兰的骄傲——艾萨克·牛顿所建立的宇宙秩序，首次筹备了详尽的计划以验证爱因斯坦的理论。对于重视实验验证的英国人来说，毫无疑问，自然观测中的实验事实可以对爱因斯坦理论的有效性做出结论性的评估。这些观测实验包括爱因斯坦之前提出的太阳表面引力场能够弯折光线的著名预言。通过在全日食中测量恒星位置的移动，可以同时检验爱因斯坦1911年在布拉格提出的理论和1916年在柏林提出的理论。而早在1917年3月，皇家天文学家已指出，1919年3月29日将会发生全日食，届时变暗的太阳位于亮度极高的毕宿星团之间，那将是检验爱因斯坦理论的完美时机。

当时战争还未结束，尽管人们不知道能否在日食之日派远征队到观测点进行观测，伦敦皇家学会（the Royal Society）和皇家天文学会（the Royal Astronomical Society）还是着手为这场远征做准备。1918 年 11 月 11 日停战协议签署后，学会立即宣布将于 3 月 27 日进行科学考察。英国天文学家、物理学家、数学家亚瑟·爱丁顿爵士（1882—1944）作为当时少有的能完全理解爱因斯坦理论的天文学家，率领了此次远征科考。

月球遮住太阳时，地球上只有少数几个区域能观测到足够暗的日全食。若观测地点天气不好，整个计划将付诸东流。为保险起见，皇家学会派出两支科考队，一支前往巴西北部的索布拉尔，另一支前往非洲西部几内亚湾普林西比岛。亚瑟·爱丁顿带领前往普林西比的科考队并同时负责领导协调两支队伍。

他们提前一个月抵达观测点，以忐忑不安的心情进行着日食观测的准备工作。日食即将到来之时，紧张的情绪笼罩了科考队。亚瑟·爱丁顿爵士回忆道：

日食当天天气不好。日全食开始时，月球在太阳投下的阴影被日冕所包围。日冕透过云层发光，就像多云的夜晚，月影依稀可见，星光却是一片黯淡。我们无能为力，只能按照制订好的计划行事，盼望事情出现转机。一名观测人员忙着换底片，同时其他几名人员在曝光并扶住物镜筒，防止天文望远镜晃动。

我们的注意力全部都在投影面遮盖器上。壮丽的日珥在太阳边缘几万英里的上空升腾，宛如静止的火焰。面对着如此宏伟的自然景观，我们却无暇顾及，完全沉浸于眼前古怪而幽暗的场景，感受着自然的肃穆。直到观测人员的惊叫声和节拍器的拍打声响起，我们才突然惊醒——302 秒的日全

英国远征队拍摄到的日食

食已经结束。

　　我们一共获得16张照片，曝光时间从2秒到20秒不等。最初拍摄的照片完全看不到恒星……但是在日全食即将结束的时候，云彩不知为何开始散去，后面几张底片上逐渐拍摄到一些影像。有一张底片，五颗恒星的像非常清晰，很适合用来测量。

　　怀着激动紧张的心情，爱丁顿和同事选取拍摄照片中效果最好的一张，将上面恒星的位置与在伦敦测量的相同恒星的位置做比较。在伦敦观测的恒星发射光受太阳引力场影响很小，没有偏折。而在日食拍得的照片中，恒星的位置出现了一定的偏折角度，这与爱因斯坦1916年理论预言的偏折角很接近。

　　远征队回到英国之后花费了数月在实验室中仔细测量恒星

的位置，他们将种种误差列入考虑之内。尽管在天文学家的圈子里，测量存有误差的实验确实是个困扰，但公众显然更关心结果——这些观测是证明了"光有重量"，还是证明了"空间的弯曲"呢？如果后者得到证明，事情就有趣多了，因为没人能想象得出"空间的弯曲"到底是什么。

4.7 理论证实

1919 年 11 月 7 日，伦敦正在准备停战周年纪念日，伦敦泰晤士报的头条写道："光荣的死亡！停战纪念！国内火车停运！"而就在同一天，泰晤士报也报道了另一条重磅新闻："科学革命——牛顿理论被推翻"。

11 月 6 日，伦敦皇家学会和皇家天文学会召开一系列会议，宣布巴西和西非科考队的观测结果，证实光线确实在太阳引力场的影响下发生偏折。天文观测数据与人类智慧逻辑的结晶竟能如此吻合，这不可思议得很！

当时，皇家学会的主席是物理学家 J.J. 汤姆逊（1856—1940）。他出生于曼彻斯特，是英国著名的物理学家，以其对电子和同位素的实验著称，是第三任卡文迪许实验室主任，还曾在 1906 年荣获诺贝尔物理学奖。在会议的开幕词中，他将爱因斯坦的理论评为"人类思想史上最伟大的成就之一"，并说："这并不只是在科学之海上发现了一座小岛，而是新科学思想界的一片大洲，是继牛顿发现万有引力之后与引力有关的最伟大的发现。"

英国著名物理学家、作家、同时也是超感应和"超心理"

现象的倡导者，萨·欧里佛·洛兹（1851—1940），一直支持着以太论，并希望这次远征队的结果能否定爱因斯坦理论。然而，在会议结束后他说："这真是一场极具戏剧性的胜利！"

皇家学会主席在正式会议上说："我必须说，仍然没有人可以用清楚的语言将爱因斯坦理论的实质陈述出来。"他断言，很多科学家自己也无法简单表达出爱因斯坦理论的真正意义。他们没有能力抓住理论本身的精髓，只能够理解这一理论对他们自身研究领域的冲击。皇家学会主席的发言预示了爱因斯坦理论为大众接受的坎坷道路。

4.8 公众态度

不久，具有创新思维的人士意识到了新理论的重要意义。但还有一些"受教育"人群，因辛苦所学的传统理论知识在一夜之间被推翻，对新理论充满了敌意。由于这些人本身缺乏天文学、数学和物理学的相关知识，所以他们只能从自以为擅长的哲学和政治学领域对新理论进行攻击。

美国一家小有名气的报社社论作者这样评论英国皇家学会会议："这些先生或许是伟大的天文学家，但就连外行都看得出，他们的逻辑十分滑稽。如果他们认为空间有尽头，那么他们首先得告诉大家宇宙尽头之外有什么。"

伦敦会议过去一周后，一位哥伦比亚大学的天体力学教授写道：

> 这些年过去了，世界局势和人的心理状态都处于动荡之中。一种深层的精神骚动导致了战争的崛起，并试图颠覆运

行良好的政府机制。同样的精神骚动也入侵了科学界，蛊惑许多人抛弃久经考验的现代物理学和力学的根基理论，而试图用投机的方法论建立关于宇宙虚妄的梦。

尽管如此，还是有一部分人欣然接受了新理论。爱因斯坦的星体偏折预言向这些人证实，仅通过纯粹的思想方法以及数学上关于宇宙空间的几何推导，就能预测新的物理现象。

在当时的欧洲，大众心理驱使下，人们对爱因斯坦理论的兴趣愈发浓厚。英国报纸试图抹去爱因斯坦与德国之间的关联，但爱因斯坦本人却反对这样的宣传策略。他并不是珍惜自己作为德国科学界代表人物的身份，而是痛恨所有放大化的狭隘民族主义思想。他相信他可以凭借自身来促进国际关系的和解。泰晤士报请他为伦敦公众介绍自己的理论成果，他以友好、幽默的方式表达了自己的立场：

为了使相对论更容易被读者接受，大家可以这样理解我的身份：在德国我被称为一个德国的科学家，在英国我则被介绍为一个瑞士的犹太人。如果我是一个讨厌鬼，那这两种介绍将会恰恰相反，对德国人来说我将是瑞士的犹太人，而英国人又会把我看待为德国人。

那时，爱因斯坦还没有想到他的玩笑会一语中的。泰晤士报的编辑对这种带有英国中产阶级偏见的描述略有不快，以同样的戏谑口吻回应道："我们容忍他的小玩笑。但是请注意，和他的理论一样，爱因斯坦博士也没有提供关于他自己的绝对描述。"

在德国，伦敦皇家学会会议如星星之火，点燃了长久以来被压抑的激情。这是一种双重的满足感。首先，傲慢的胜利国居然认可了一位来自屈辱战败国的科学家。其次，爱因斯坦仅仅依靠创新性的想象力，就"猜中"宇宙的终极秘密。以冷静著称的英国人甚至还亲自通过天文学的观测证实了他的理论。

此外，它还包含着第三重意义。爱因斯坦是犹太人的后裔，犹太人长期以来受到德国人的侮辱和压迫。他们强迫犹太人认为自己只有在商业上的一点雕虫小技，在科学上只能重复或验证别人的工作，根本没有能够取得天才般创新性发现的真本事。现在，从这个古老而独特的种族中再次诞生了一位知识世界的引导者，这不仅让犹太人民十分激动，对世界上所有受压迫的民族来说，都是一种安慰和振奋。从悲惨的现实飞跃到梦想的世界，人们对于爱因斯坦的理论倾注了更大的热忱。

至于爱因斯坦本人，很长时间内，他根本不在意这些事情，也从未把精力投入到任何攻击中。

Chapter 5
公众人物爱因斯坦

5.1 爱因斯坦的政治态度

爱因斯坦的理论得以证实，全世界都在聆听着他的声音。他意识到盛名之下责任更重，他觉得自己有责任唤起人们对世间苦难的关注，想要消除这些痛苦。

一战结束后的那一年，政治变革者寻求着长久维持和平的方法，所有人都清楚应该采取怎样的措施，却只有爱因斯坦敢为人先，借助自身影响力去倡导这些想法。一战和二战停战的二十年间，爱因斯坦从未改变其政治立场，也从未加入任何政党。他对政治不感兴趣。

肤浅人士有一种错觉，认为爱因斯坦只是一个醉心于研究的天才。但是，如上文所述，爱因斯坦一方面有着强烈的社会意识，另一方面又反感和同僚关系过密，这一性格与他留给外界的印象形成巨大反差。

爱因斯坦的性格特征首先表现在他对政治集团的态度上。人人都觉得他摇摆不定，但那不过是因为他极其不愿做违心事、说违心话。他总是在开始选择支持他认为有价值的东西，但他并不打算让自己被太多党派成见和口号所左右。如果事业根本上是正义的，他会毫不犹豫地选择支持。爱因斯坦是个非常现实且具思辨精神的思想家，他不相信人类发起的任何有目的运动会完美无缺。譬如，他帮助推进犹太复国主义运动，希望为犹太群体创造自尊、为无家可归的犹太人提供避难所。但是，他也清楚自己或多或少助长了民族主义和宗教正统观念，依然选择支持不过是因为现阶段除了民族主义，其他一切都无法在犹太群体的等级和头衔中创造出自尊感。

5.2 战后德国的反犹太主义

在德国，将军和容克贵族的统治曾被视为是所有偏见的来源。二战后，随着统治的瓦解，很多人以为歧视犹太人的历史一去不复返了。但实际上权力的丧失反而激起了这一阶级内心深处的愤怒。拥护者大肆宣扬：德国战败并非源于军事的薄弱，而是国内犹太人叛乱所致。犹太人在德国遭到了极端仇恨。即便是受教育阶级也无法抑制这种非理性情绪。犹太人对此无力反驳，改变行为也躲避不了敌意。

德国人一边践行着民族仇恨，一边又想要甩锅。他们将德国战败归罪于群众缺乏爱国意识；长期在德居住的德国犹太人则将所有的劣根性都归咎于那些从东欧国家移民过来的犹太人。其中甚或包含波兰、俄罗斯、罗马尼亚、匈牙利和奥地利。东欧犹太人对此记恨在心，所以在希特勒迫害德国犹太人伊始，犹太人的反应不是建立统一战线，而是相互构陷。

爱因斯坦虽然有些反感犹太正教，但犹太人在他看来却是一个拥有宝贵传统、高度重视智慧价值的群体。因此，看到犹太团体外部受敌，内部又四分五裂不团结时，他痛心不已。他认为，在扭曲的心理泥潭，犹太人愈陷愈深，最终必将心理变态。

深切的同情激起了他日渐强烈的责任感。随着他名声大振，他让整个犹太群体相信，并非"只有北欧雅利安种族才有创造性智慧"，犹太民族的复兴指日可待。

5.3 犹太复国主义运动

一战期间，英国政府宣布，将支持犹太人在巴勒斯坦建设避难所。自此，犹太复国主义运动在各个国家都经历了伟大复兴。复国者要在犹太人古老家园上建立一个新的国度，给全世界犹太人一个政治、文化中心。他们希望犹太民族齐心协力，就此摘掉四海为家、异乡求生这一饱受屈辱的帽子。

从一开始，爱因斯坦就对犹太复国主义的动机存有很大怀疑。犹太的民族主义主张太过强势，况且巴勒斯坦太小了，不足以容纳所有想去定居的犹太移民。这容易引发阿以冲突。

但抛开这些怀疑和顾虑，爱因斯坦觉得，若想唤起犹太人缺失的自尊，这的确是唯一行之有效的方式。虽然他不太喜欢通过强调民族主义将自尊教育付诸实践，但犹太人的灵魂，特别是德国犹太人已呈现出一种病态。因此，他主张采用一切能

在纽约与犹太复国主义领导人哈伊姆·魏茨曼

够缓解和补救这种状况的教育手段。

　　1921 年，他决定公开支持犹太复国主义。他很清楚自己这一行为会在德国犹太人中引起轩然大波。从那以后，爱因斯坦就被许多人当成是德国犹太裔学者中的害群之马，他的发声让德国犹太人同其他人逐步同化、融入德国的努力付之东流。但他们并不知道，爱因斯坦其实是在用自己的声誉教育这些犹太人。

不过，爱因斯坦参与犹太复国主义者们的工作并不仅仅是因为这场运动的初衷，他还有另一个计划——在耶路撒冷建立一所犹太大学。

不论是在欧洲东部还是中部，一些求知若渴的犹太学生被当地的大学挡在了门外。每当爱因斯坦看到这些青年的梦想破碎时，都感到十分痛心。为此，爱因斯坦觉得有必要要建一所属于犹太人的大学。在这里，老师和学生都不会受到不友善、不公正的对待。

爱因斯坦开始接触哈伊姆·魏茨曼[①]——犹太复国主义运动领袖。魏茨曼对建设大学有着高瞻远瞩的愿景，爱因斯坦与他一拍即合，说："希伯来大学应该进一步表达自己的立场，成为沟通东西方世界的纽带。"

5.4 和平主义者爱因斯坦

不管是街道上行进的士兵还是体育馆学习拉丁舞的学生，爱因斯坦打小看到这些被训练得像机器一样的人就会感到十分沮丧。对机械式操练和对暴力的深切痛恨在他心里落了根。透过战争，他看到了他厌恶透顶的东西——机械式的暴行。

爱因斯坦的这种厌恶超出了政治信念的范畴。1920 年的一

[①] 哈伊姆·魏茨曼（1874—1952 年）：英国犹太裔化学家、犹太复国运动政治家，曾任世界锡安主义组织会长，第一任以色列总统，魏茨曼科学研究所创建人，犹太复国主义的发起者和倡导者之一。曾是曼彻斯特大学的化学教授。1914—1918 年战争期间，他的研究工作极大地服务了英国政府。因此他才可以和英国有影响力的社交圈拉上关系并得以传播犹太复国主义的计划。

天，一群美国人到柏林拜访他，爱因斯坦对他们说："我所说的和平主义是一种本能的感觉，杀人十分可怕，心理自然会产生这样感觉。我的态度无关任何学术理论，它源自我对每种残忍和仇恨最深切的反感。"

1922年，爱因斯坦被任命就职于国际联盟知识合作委员会。这一机构的宗旨是要让知识分子熟悉国际联盟的目标，并引导他们利用自己的知识与天赋予以实现。尽管委员会的目标自始至终含糊不清，但爱因斯坦仍然觉得自己应为实现国际合作出一分力，可一年后，他发现这一联盟并没有阻止强国使用武力，只是想方设法让弱国放弃抵抗、一味地逆来顺受。他辞去了委员会的工作。

很快，爱因斯坦发现了辞职事件的另一面：他辞去委员会的职务竟然受到了德国民族主义团体的欢迎。之后，他在许多场合上都表明，即使某项运动存在错误，但如果其中某项基本原则是正确的，那就应该表示支持。于是1924年他又重新加入了委员会。

爱因斯坦一直认为，科学家对于推动国际理解有着特殊作用。他们的工作性质并不像历史学或经济学一样会受到国界的限制，对于功过的判断往往十分客观。因此，不同国家的科学家在此轻轻松松就能找到共同点。

爱因斯坦明确了犹太人民的使命。数世纪以来，犹太人到哪里都只是一个小小的少数民族，一直无法抵御周遭的攻击。但他们面对暴力时，却总能通过智慧的力量求得生存。1929年在柏林召开的一次犹太会议上，爱因斯坦发表了演说：

犹太人民证明了智慧是历史长河中最好的武器。在遭受暴力压迫时，犹太人民已经通过反战嘲弄了敌人、宣扬了和平……我们要让世界知道我们数千年的伤痛历史。我们要忠于先辈的伦理传统，要成为为和平而战的战士，要团结所有文化和宗教界的可以团结的力量，这是我们犹太人的职责。

要了解爱因斯坦的政治立场，就必须要记住他对和平主义的态度。他曾说：

说服人们赞同和平主义要比说服人们赞同别的主义容易得多，在经济下行时期，我们需要让所有人相信能够通过和平方式解决这些问题。这样你才可以指望他们以合作的精神来处理经济和政治问题。我觉得首要的奋斗目标是和平主义。

正如爱因斯坦所言，复杂而对立的利益问题必须得有人来协调。他早已认识到了民主理想中的矛盾点。人民应该当家做主，然而自由的实现从来不是通过某个制度。要实现自由，只有让大家都信任的人来领导这一体制。民主必然会导致党派的产生，但刻板的党派统治往往压制对立的团体。因此，他在1930年的时候写了这样一段话：

我的政治理想是民主……但是我很清楚，要想实现明确的目标，每个人都有必要进行思考，学会掌控大局并且承担起大部分责任。但那些接受领导的人不应该被牵着鼻子走，他们应该有选择自己领袖的权利。在我看来"社会阶级划分看卓越品质"的说法是错误的，归根到底还是得靠武力。我相信每一个专制的暴力体制势必会带来退步，因为暴力必然会带来道德上的下等人。历史已经向我们证明，恶行昭昭的暴君，其继承者们还是一群无赖。

爱因斯坦从不认为民主的真谛是去遵守某些规则的条条框框。在德国开始独裁统治之前，他就已经意识到独裁的阴暗面，也指出了当时所谓民主的弊端。那时候他就觉得，美国的政府体制作为一种民主形式，本身已经优于德国甚或法国的政府体制了。当选总统有足够的权力将自己的责任合理分配给其他人。

爱因斯坦也说过一些不那么民主的言论，比如："在纷繁的生活中，真正发挥作用的并不是整个民族，而应该是富有创见、感觉敏锐的个人。群体思维僵化、感觉迟钝，而这些人却思维敏捷、志向高远。"

爱因斯坦讨厌所有的军事机构，应为它们催生助长了群体奴性意识。他觉得如果以废止战争和战时服役为目标的话，那么最根本、最激进、最有效的方法便是拒绝服兵役。他曾在一本杂志上毫不避讳地表达了这种想法。1931 年，他将自己的名声全部托付给了反战者国际，与之通力合作的同时还呼吁：

我呼吁所有的男男女女，无论是声名显赫抑或默默无闻，都能宣布拒绝为战争和战备提供任何协助。我呼吁他们以书面形式告知政府并写信告诉我他们做到了……

5.5 反爱因斯坦运动

德国知识分子盲目地跟着军国走上了一战战场，战败后，一个个都傻了眼，仿佛成了没有牧羊人带领的羊群。由于爱因斯坦涉足了支持犹太复国主义与和平主义的公共事务，反对爱因斯坦的呼声甚嚣尘上。

对于狂热民族主义分子来说，战败是犹太人和和平主义那帮人在背后捅刀造成的。任何运动支持者都成了他们暴怒的对象。

面对敌对情绪，爱因斯坦很是直率。慢慢地，在人们眼中，他成了标新立异的存在。爱因斯坦玩不来政治，对政治阴谋也不感兴趣，因此，他的言论时常被人诟病幼稚、愤世嫉俗。他因理论赢得英国太阳能考察队赞誉而渐渐声名鹊起时，大众对其诋毁也达到了顶峰。

诋毁者有三类人。第一类是"右派革命"的政治代理人。他们对爱因斯坦的理论一无所知，只知道他是和平主义者和犹太人。

第二类是直接把枪口对准爱因斯坦的几位物理学家。他们不满爱因斯坦未经精密实验、只凭"奇技淫巧"就广受褒奖。

第三类由哲学家组成。他们凭空添加了相对论根本不存在的形而上的一套说辞，声称"相对论与某些哲学体系相悖"，然后对此展开猛烈抨击。

在柏林爱乐大厅举办的一次会议上，爱因斯坦遭受了保罗·韦兰德和恩斯特·格尔克的抨击，后者企图给新理论贴上"荒谬"和"违背实证科学精神"的标签。会议原本还邀请了一位犹太哲学代表，来证明爱因斯坦的理论不是"真理"，只是"小说"，从而将会议推向高潮。但在了解会议的真实目的后，那位犹太哲学代表谢绝了大会的邀请。

爱因斯坦始终保持旁观者的态度，听到精彩处，甚至还友善地为对手鼓掌。他喜欢以剧院观众观看节目的心态看待周围世界发生的一切。

那一年"爱因斯坦案"成了新闻界持续热议的主题。人人都在询问爱因斯坦对这些抨击的看法。最后，为了结整件事，爱因斯坦在柏林的一份报纸上作出公开回应："用科学的态度回应没有科学价值的争论毫无意义。孰是孰非不由公众判断。"一时间，爱因斯坦要离开德国传得沸沸扬扬。

当大家公认的某领域的杰出科学家愿意出面来批评爱因斯坦时，这场运动似乎变得更体面。菲利普·莱纳德[①]就是这样一位。1905年，爱因斯坦在菲利普·莱纳德观察结果的基础上提出了新的光学概念。借此和其他一些具有伟大独创性的实验，莱纳德荣获了诺贝尔奖。一战期间许多物理学家都是极端民族主义者，莱纳德便是其中之一。他们无法接受战败，认为国际势力从中作祟，谴责犹太人是实际的幕后操纵者。作为一名纳粹老党员，莱纳德不久便加入了希特勒集团。莱纳德身上汇集了反对爱因斯坦三类人的全部动机。他难以忍受爱因斯坦战后获得如此巨大的成功。首先，爱因斯坦不是个实验物理学家；其次，他提出了违背机械物理常识的"荒谬"理论；最后，抛开其他不看，他还是一个犹太人、一个和平主义者！莱纳德押上自己作为一名物理学家全部的声誉和威望抵制爱因斯坦。

每年九月都会召开一个学术会议，数千人齐聚一堂，参加

[①] 菲利普·莱纳德（1862年6月7日—1947年5月20日）：德国物理学家，在研究阴极射线时曾获得卓越成果并获诺贝尔奖，狭隘民族主义者，曾为希特勒的物理学顾问。

德国物理学家 菲利普·莱纳德

者都是德国科学家和教授。1920 年的会议在温泉圣地巴德瑙海姆举行，几篇与相对论有关的论文也在此次讨论之列。莱纳德决定借此机会当众抨击爱因斯坦的理论并指出其荒谬之处。

　　这一消息迅速传开，大家都对此翘首以盼。会议主持人是马克斯·普朗克。他将一切把控得井井有条，大部分时间都安排在讨论一些纯粹数学和技术性论文上，留给莱纳德辩论的时间所剩无几。最后，会议如普朗克所愿，圆满结束。他还十分幽默地以一个在非物理学家之间流行的小玩笑结束此次会议：

"很遗憾，因为相对论还不能延长会议的绝对时间间隔，本次会议不得不就此结束了。"

莱纳德一派无法再反对爱因斯坦的理论了。尽管人们将这一理论的基础定性为"荒谬的"，但不可否认，这一"荒谬"的理论却得出了许多真理性的推论，任何物理学家和化学家都不能跳过这一法则。因此，莱纳德及其团队就想方设法将这条法则从爱因斯坦的理论中分离出来。他们要证明早在爱因斯坦之前，就已经有一位物理学家提出了这一法则。甚至有人在撰写论文时不惜一切代价避免出现爱因斯坦的名字。因此我们会发现，质能转化定律经常被写成"哈泽内尔准则"。

1904 年，奥地利物理学家哈泽内尔得出的法则是爱因斯坦定律的一个特例。但是莱纳德及其团队却十分赞成以哈泽内尔命名该定律。可实际上，哈泽内尔诚恳能干，是爱因斯坦真诚的崇拜者。

Chapter6
爱因斯坦在欧、美、亚

6.1 荷兰之旅

在爱因斯坦受到恶毒攻击后，其理论受到了世界各届人士的关注。政治理想被战争摧毁，人们追求新的哲学思潮和政治体系。爱因斯坦的理论就此成为政治论战中心。

大家对他充满好奇，迫切希望一睹其风采，纷纷发出演讲邀约。爱因斯坦很惊讶，但一想到可以远离同行狭窄的社交圈，便欣然应邀。

公众场合露面为他招致了斥责的声音。一位实验室观察员在《给相对论的批量建议》中写道："只要相对论在科学界露出马脚，爱因斯坦就会转向大众，尽可能公开展示自己及其理论。"

莱顿市安静舒适、远离柏林纷争。爱因斯坦被聘任为教授，工作清闲，一年内只需上几周课。物理学家保罗·埃伦费斯特时常携夫人来访，与爱因斯坦探讨有关物理学命题逻辑关系中最细微的问题。

很多德国人认为，他们应该感激爱因斯坦，是他的知名度让战败后的德国国际威望有所提升。但柏林的对手不遗余力地抹黑他，让大众纷纷推测爱因斯坦要移居荷兰。

普鲁士教育部部长哈尼施闻此深感焦虑。他给爱因斯坦写了一封信，希望他不要被这些攻击击垮，继续留在德国，充分发挥德国观察员的协助作用，为政府提供帮助。柏林作为科研中心，其重要性不言而喻。

爱因斯坦在回信中承诺，会留在柏林。最终他成为一名德国公民。然而，这一身份给他带来无穷后患。

6.2 捷克斯洛伐克之旅

布拉格是如今新捷克共和国的首都。1921 年初，爱因斯坦应乌拉尼亚总统富兰克邀请回到布拉格发表演说。彼时他不再是独立的个人，而是万众瞩目的标志和旗帜，每个人都想目睹这位世界闻名、推翻宇宙规律并证明"空间曲率"的伟人。

一位年轻人带来了一大本手稿。根据爱因斯坦方程式 $E=mc^2$，他想利用原子中蕴含的能量制造炸药，并且已经发明出可运行的装置。爱因斯坦看过差不多 100 份这样的"发明"。他打量一眼，对年轻人说："冷静一下吧。你的研究异想天开，长谈毫无意义。"说完，转身就走。

然而 25 年后，1945 年，原子弹在日本广岛市爆炸了。

此次到访提升了捷克斯洛伐克德国人的自尊心，也就是后来所谓的"苏台德的德意志人"。这些人在引发第二次世界大战中起了决定性作用。

6.3 奥地利之旅

离开布拉格，爱因斯坦去了维也纳。此次演讲在一个大型音乐厅举行，观众数量达 3000 余人，规模空前。

战后的维也纳和1913年爱因斯坦参观时完全不一样。如今，它仅是一个小共和国的首都，恢宏不再。

在维也纳，爱因斯坦和著名物理学家弗利克斯·埃伦哈夫特同住。两人的工作模式截然不同，却意气相投。宇宙包罗万象，爱因斯坦热衷于探寻一个"包罗"万象的简单模式，习惯以基本原则为原点，做发散式推演；埃伦哈夫特则钟情于直接实验，只相信双眼所见，并不断发现有悖于普遍原理的孤立现象。一个提出基本原则，一个查证特例，两人的理论在相互碰撞中不断完善发展。

在此期间，爱因斯坦接触了维也纳的两大思潮——弗洛伊德的精神分析学及马赫的实证主义传统。

爱因斯坦拜访了约瑟夫·布洛伊尔医生和波普尔·林叩斯。前者曾和弗洛伊德发表了第一篇有关癔症麻痹心理原因的文章，后者则是马赫生前最亲近的朋友，通过采用一种普遍性劳动服务，制订出了帮助德国摆脱经济困境的计划。这个计划后来被阿道夫·希特勒扭曲地付诸实践。80岁的波普尔仍思维敏锐，总渴望遇到有趣的人。见到爱因斯坦——马赫思想物理学领域真正的继承人，对他来说是一个伟大的时刻。

6.4 美国之旅

爱因斯坦回到柏林后，名声更盛，他的名字成为一个代名词，"相对"一词也成为人们茶余饭后调侃的谈资。在一期德国漫画刊中，德国战败后总是哭穷，法国总统米勒兰煞有介事地对爱因斯坦说："你难道不能劝劝头脑简单的德国人吗？即使有着 67 亿马克的绝对赤字，他们依然相对富裕。"

爱因斯坦对此全不在意，他竭力祛除人们对相对论科学性与哲学性的误解。学校告诉大众几何学假说是绝对正确的，爱因斯坦则通过公式清晰地指出，欧几里得几何在引力场内无效，空间是弯曲的，甚至可能是有限的。

1921 年 1 月，爱因斯坦在普鲁士科学院做演讲，阐明了"几何学和经验"的关系。他说："如果几何学是确定的，那么它无关乎真实世界；如果它多少关乎我们的经验，那么它是不确定的。"他做出了一个明显的区分：数学几何学仅涉及直接从某些假设中总结出来的结论，在该几何学中一切都是确定的；物理几何学涉及物质形体的测量结果，是物理学的一部分，又以清晰的公式表述，兼具数学几何学的确定性。这一演讲对之前常存疑惑的领域进行了明确的梳理。从此，爱因斯坦的公式被公认为是最清晰且先进的。

不久，他收到了犹太复国主义运动的领导人魏茨曼共赴美国的邀请。当时，美国犹太人被视为世界上最有钱的群体。魏茨曼希望借助爱因斯坦的名气在美国寻求财政支持，最终实现在巴勒斯坦建立犹太民族之家以及希伯来大学的宏愿。

彼时，只有一些德国科学家和为数不多的德国犹太人得知纳粹变革的到来，爱因斯坦明显觉察到一股势力正波涛暗涌，这正是后来当权的国家社会主义政党。几经考虑，爱因斯坦接受邀约，将声誉押给了犹太复国主义运动。他希望为遭受迫害的人类谋福利，同时，也想亲眼看看那个在大西洋彼岸、在民主传统和包容度上总能让他产生共鸣的新世界。

爱因斯坦携妻子到达纽约港时，受到了空前热情的欢迎，记者、摄影师蜂拥围堵，迫切地向他提出问题。

"可以请您用几句话来解释相对论的内容吗？"

"如果不过分看重答案，只把它看作一个笑话，那么我的解释是：之前普遍认为，如果所有的物质消失在宇宙中，时间和空间还将存在，而相对论认为，时间和空间将会和物质一起消失。"

"据说，世上仅有 12 个人理解相对论，这是真的吗？"

"不知道你们从哪里听说的，任何一个研究过相对论的物理学家都能很好地理解它，我在柏林的学生也都能理解。"

"您是如何看待人们对一个难以理解的抽象理论有这么大的热情？"

"这应该通过精神病态调查来检测，对科学问题本无兴趣的人为什么会突然对相对论疯狂。"

"是否因为这个理论与宇宙有着某种联系，宇宙又与宗教有联系？"

"极有可能，"就相对论对于大众的普遍意义，他中肯地说：

在纽约会见媒体

"但这不会改变大众的观念。相对论的唯一意义在于它源于简单的原理。"

新闻媒体从未对一个数学物理学家产生如此大的热情，一时间，爱因斯坦如拳击手一般炙手可热。与群众的狂热不同，爱因斯坦始终冷静地看待整个事件。他总是倾向把这一现象归因于公众的心理而非其自身。他开玩笑地说："纽约的女士每年换一个新风格——今年流行相对论。"

爱因斯坦和魏茨曼被看作是犹太人的权威代表。总统哈丁来函写道："作为两个不同领域的先驱代表，他们的到访提醒人们犹太人对人类所做的伟大贡献。"纽约的市长海兰在市政厅迎接他们，真挚地说道："对于犹太人在世界大战中所表现出来的勇气和忠诚，我们纽约人深感自豪。"美国的犹太人民更是将其视为政治领袖和精神领袖，全体歇业，一路伴行。

托马斯·爱迪生的一份声明，引发全国骚动。爱迪生否认大学教育的价值并声称教育应该直接指向学习。他制作了一份测试问卷，里面涵盖了他认为与实用人才密切相关的问题。这项测试证实大多数大学生没有能力回答这些问题。

爱因斯坦也收到了一份问卷。

"声速是多少？"

"不知道。我不会去背书本上能轻易查找到的资料。"

爱因斯坦不认同爱迪生关于大学无用的观点。"学习知识对一个人来说并非如此重要。学习知识不一定要上大学，书本上也能学到。在文科院校教育的价值不是习得知识，而是获得思维训练，思考一些无法从书本上获得的东西。"

世人总爱将爱因斯坦与爱迪生相提并论，两位皆是物理科学领域的杰出代表。爱迪生致力于物理学的技术应用，而爱因斯坦致力于物理学的基础理论研究。

爱因斯坦动身前往哈佛大学，参观物理实验室。大多数参观者都是快速过场，漫不经心地听学生的讲解，再敷衍地说声"这很有趣"。爱因斯坦则不然，他让几个学生详细解释他们正努力解决的问题，而且，他真正认真思考了这些问题，并给学生提供了部分很有价值的建议。在紧张的旅途中，只有同时拥有以下两种能力的人才能如此全神贯注：能快速适应陌生环境的能力；享受帮助他人从事科学研究的能力。

整个行程以旋风般速度进行，爱因斯坦没有时间静下来思考。美国留给他的第一印象都是一些第一眼打动人的表层事物。首先是美国的年轻人。他们充满生机，精力充沛，对知识和研究充满渴望。对此，爱因斯坦曾说："美国青年值得期待：就像一个还未被使用的烟斗，年轻又新鲜。"接着是美国的多样性与包容性。尽管美国人血统不同，却可以在宽容、民主的政体下和平共处。他就纽约做了特别说明："我喜欢这里的餐厅，各有千秋，特色鲜明。就像民族动物园，可以参观一处又一处。"最后，是女性地位。她们在社会中发挥着比欧洲女性更为重要的作用。

曾有人拉拢爱因斯坦，希望他支持限制烟草和周日娱乐活动的提议，但爱因斯坦拒绝了。他不赞同过多限制个人自由。他崇尚自然生活，深知每日单纯快乐的重要，不相信清晰枯燥的体系能够给人指明什么工作有价值，什么娱乐让人幸福。曾有人问他对休息日的看法，他说："人必须要休息。但是，如何算休息呢？你无法制定一条法律规定人们怎么休息。有些人的休息就是躺下来睡觉；有些人是保持绝对清醒和亢奋；还有些人是工作、写作或参加娱乐活动。如果通过一条法令告诉人们如何休息，那就意味着千人一面。但事实是每个人都有各自的样子。"

爱因斯坦将自己的一生都贡献给了物理法则，这些法则可以从普遍原理中演绎出来，但生活不可以被抽象原理控制。遵从自然本性才能不负不累。爱因斯坦纯真的喜悦寓于简单的享受，比如吸烟。他说："常有人问我如果把烟草和其他东西拿走，我还剩下什么？我仍会坚守我的烟斗……"

纽约的街道熙熙攘攘，余晖下，一个人影忽明忽暗，他从神秘的宇宙深处走来，一手拿着石楠木烟斗，一手提着小提琴盒，似是奔赴一场即将开始的音乐会。

6.5 英国之旅

战后，英国的空气弥漫着仇恨的硝烟。他们承认德国的科学理论，却很难敬重德国人。霍尔丹勋爵（Lord Haldane）一直致力于促进英德关系。对他来说，爱因斯坦就是楔子尖利的末端，能穿透敌意和偏见：1919 年，爱因斯坦有关日食探险的预测经伦敦皇家学会报道后获得了巨大的社会反响，为英国科学成就提供了机会；另外，他不是真正的德国人，且身上集聚众多英国政治家、数学家、哲学家、天文学家甚至神学家对于科学与哲学思辨的兴趣点。

英国物理学家对相对论反应淡淡。他们更加关注实验和理论的直接联系。爱因斯坦理论中一长串的思维联系在他们看来是哲学幻想——理论太多，事实太少。

大主教也曾在晚宴上问："相对论会对宗教产生什么影响。"

爱因斯坦言简意赅："毫无影响。相对论是纯粹的科学，和宗教没有任何关系。"

爱因斯坦在威斯敏斯特教堂牛顿墓碑前献上花圈的一刻，世界动容。霍尔丹在剑桥大学国王学院主持演讲时感叹道："18世纪是牛顿的时代，20世纪是爱因斯坦的年代。"

6.6 爱因斯坦和拉特瑙谋杀

1921年，爱因斯坦回到柏林。他曾在重力理论中预言，星球到达人眼的颜色取决于光线穿过的重力场强度。1921年秋，在德国最大化学品公司——法本公司董事博施医生的资助下，天文观测台可以非常精确地研究太阳光中色彩的成分，爱因斯坦的预测得到证实。

1922年6月24日，外交部部长沃尔特·拉特瑙被几个狂热的学生谋杀，右翼势力为革命蓄力昭然若揭。爱因斯坦凭借敏锐的洞察力，清晰地意识到真诚效忠德国共和国只局限于小团体，小团体外是充满恨意、血口大张的深渊。

拉特瑙是位罕见的，有着宽阔视野的政治家。他生于柏林一个富有的犹太家族，曾是战时德国计划经济背后的原动力。在共和国宣告成立后，作为政府的经济顾问，拉特瑙借助自己的国际名声，行使多种服务援助本国的外交政策。天主教钱塞勒·沃思执政期间，拉特瑙接任外交部部长一职，结束拉巴洛条约，开启了与苏联友好的关系进程。这个条约给他打上了"布尔什维克"的印记，此外，因其犹太人身份，他在君主主义和"右翼势力变革"支持者中极其不受欢迎。1922年6月24日，沃尔特·拉特瑙外交部部长被几个狂热的学生谋杀。

谋杀事件后，德国人把反爱因斯坦理论和反共和政权联系到了一起。一时间，谣言四起。有人说，在搜索过程中发现了一张谋杀名单，爱因斯坦的名字赫然在上。尽管警方对此做出否认，但是对爱因斯坦人身安全的担忧在大众中蔓延开来。

6.7 法国之旅

爱因斯坦的理论在法国也获得了极大的尊敬，但理解起来太难了，法国科学界一直希望能够当面与爱因斯坦探讨新理论。法国数学家保罗·潘勒韦战时曾是军事部长，后来被任命为总理及下议院主席，在法国政界举足轻重。他对爱因斯坦的研究很感兴趣，但在很多方面有所曲解，一度还因此反对爱因斯坦。不过，他后来收回了所有的反对。伟大的法国物理学家保罗·郎之万很快领会到了爱因斯坦理论的含义："潘勒韦在研究爱因斯坦著作，但可惜的是，他写完相关文章后才开始非常仔细地研究其理论。"

郎之万不仅是一个睿智的科学家，同时也积极参与每项能促进国际调解事业的活动。在法国最高科学院——法国大学，他做出了邀请爱因斯坦来巴黎的决定，这项决定受到了潘勒韦的热烈支持。爱因斯坦接受邀请，于 1922 年 3 月末启程前往巴黎。

旅途上，郎之万和天文学家查尔斯·诺德问爱因斯坦，他对左派在德国政治和文化生活中的影响有何看法。

"所谓的左派实际上就是一个多维结构。"爱因斯坦说。

他已经感觉到，右派、左派最终都是殊途同归。

3 月 31 日，爱因斯坦在法国大学首开演讲。与以往不同，此次实行门票入场。只有对理论真正感兴趣的人才可入内。听众中有很多享有国际名望的学者和公众人物，有镭的发现者居里夫人、伟大的哲学家亨利·伯格森、波拿巴王子等。

对爱因斯坦来说，比起英国和美国，在法国更容易与观众沟通交流。他的法语说得极好，尽管有点慢，但夹杂着轻微的外国口音反而增加了魅力——沉稳睿智中透着一丝神秘。他竭力表达得清晰、有逻辑，尽可能少使用专业术语、多借用隐喻比较。

在与哲学和数学界相关的讨论会议上，针对异议和困惑，爱因斯坦全面地回答了每个问题，很多误解得以澄清。

尽管法国物理学家协会的很多成员都面见了爱因斯坦，但是由于强烈的民族主义倾向，官方并没有参与。

和在德国一样，在法国也有"纯粹的经验主义者"。爱因斯坦的回应是："18 岁以前，他们学到的都是经验，18 岁以后，他们接触的是理论和推测。"

此外，同样地，法国人对爱因斯坦的态度绝大程度上取决于政治，对爱因斯坦的理论没有什么看法。如索邦大学一位有名的历史学家所说："我并不理解爱因斯坦的方程式。我只知道德雷福斯的追随者说他是一个天才，德雷福斯的反对者又说他是一个蠢蛋。"德雷福斯是法国军队的队长，在 1894 年被反犹太宣传者指控为叛国罪。事态演变成了共和国和敌对党之间的斗争，整个国家被分成了两大阵营——德雷福斯的拥护者及反对者。这位历史学家还说道:"尽管德雷福斯事件已被遗忘很久,但这两个组织仍旧互相挑衅。"

德国共和政府因允许爱因斯坦前往巴黎,向法国人"示好"而遭受攻击;法国数学家及哲学家因想听敌国爱因斯坦的演讲而遭受攻击。因此,爱因斯坦回到柏林参加普鲁士科学院的第一次会议时,他四周的座位很多也是空的。

6.8 中国、日本、巴勒斯坦和西班牙之旅

英法行程结束后,接下来的远东之旅令他如释重负,没有了紧张的政治局势,他终于可以像孩子一样享受这个多样的世界,听听不同的声音。

1922 年 11 月 15 日,爱因斯坦抵达中国上海。11 月 20 日抵达日本神户,由女皇亲自接待,次年 2 月份启程返回欧洲。

东方人静思自持、言谈优雅。在经历过本国及邻国夸张的赞颂或憎恨后,东方人崇尚中庸和美的氛围令爱因斯坦倍感放松。

爱因斯坦喜欢莫扎特、巴赫和早期意大利大师的音乐,不熟悉东方音乐。但日本家庭对音乐的酷爱给他留下了深刻的印象:日本人会花费相当多的时间去剧院,为了不中场离开,还自备了食物。在爱因斯坦演讲过程中,他们表现出同样的认真态度。整个演讲历时 4 小时,每个人都聚精会神。让爱因斯坦震惊的是,他们甚至听不懂语言,更不用说演讲内容了。爱因斯坦非常同情这些人,于是第二次演讲时把时间缩短为两个半小时。演讲结束后,与他同行的日本人都在窃窃私语。爱因斯坦感到不安,日本尚礼,此举异乎寻常。

爱因斯坦在日本

　　"请告诉我实话，出什么问题了吗？"

　　日本同伴略显尴尬："第二次演讲的听众感觉受到了怠慢。因为您的第一次讲座持续了四个小时，第二次仅为两个半小时。"

　　离开日本，爱因斯坦来到巴勒斯坦。作为最突出的犹太殖民地拥护者以及世界范围内杰出犹太人之一的国度，爱因斯坦在巴勒斯坦比之前在任何一个国家更被当作公众人物来迎接。

　　巴勒斯坦高级专员赫伯特·塞缪尔爵士是一名犹太人，在英国政界享有盛誉。英国政府希望以合适的方式表达其对犹太族之家发展的友好态度。然而，事情的发展并不如意。面对犹太人和阿拉伯人日益增加的矛盾，塞缪尔的处境极其困难。因为犹太人这一身份，他不得不每日证明英国政府在冲突中绝对中立的立场，最后两边都不讨好。

和霍尔丹一样，塞缪尔对相对论也有着浓厚的兴趣。他邀请爱因斯坦入住家中。

为了让"土著"（犹太人和阿拉伯人）继续保持殖民时期对大英帝国的顺从和敬意，作为一名英国官员，起居坐行都须讲究排场和仪式。爱因斯坦并没有过多在意，从容自然。他的妻子却倍感不适。她后来说道："我不喜欢这种正式的氛围。我和我的丈夫不同，他是个名人。当他有失礼节时，人们会说天才都是与众不同的。但当同样的事情发生在我身上时，人们就会说我没有文化。"

爱因斯坦带着极大的兴趣着手研究犹太人独立国家建设的成果。他看到了特拉维夫这座完全由犹太人一手打造的崭新城市。在欧洲，犹太人作为特殊阶层常常遭到其他阶层的迫害。但是在这里，他们可以安居乐业，享有一个民族应有的地位。

同样地，他也看到了犹太人的困境——尤其是与阿拉伯人剑拔弩张的关系。他认为犹太方应理解阿拉伯文化生活，努力建立友好关系。

就此，并不是所有犹太复国主义团体都欢迎爱因斯坦的到访。极端民族主义者认为他和正统犹太教信仰追随者一样肤浅；后者却认为爱因斯坦不重视传统礼仪。

1923 年 3 月爱因斯坦乘船经马赛前往西班牙，受到国王阿方索十三世的接见。西班牙的风景和艺术令他心驰神往已久。他总能保留着几分孩童般的好奇心，从迥异的经历中汇集新的力量来创作。对他来说，人生不过是一场梦。他时常对妻子说："醒来之前，我们好好享受这一切吧！"

6.9 诺贝尔奖和"俄罗斯之旅"

尽管爱因斯坦很早就被公认为 20 世纪最伟大的物理学家之一，但直到 1922 年 11 月 10 日，瑞典皇家科学院委员会才决定授予爱因斯坦诺贝尔物理学奖。阿尔弗雷德·诺贝尔在成立该奖项之初规定，该奖项仅授予对人类贡献巨大的最新物理学发现。爱因斯坦的相对论是基于事实的原理，很难说它是一个"发现"。其次，它还牵扯政治矛盾，瑞典皇家科学院认为颁奖一事尤其要谨慎处理。

1922 年末，瑞典皇家科学院想到了一个权宜之计：以"量子论"研究为由授予爱因斯坦诺贝尔物理学奖，从光电学和光化学定律角度将其界定为"发现"。颁奖词很笼统："这个奖项授予爱因斯坦，感谢他在光电定律和理论物理学领域的研究贡献。"

1923 年 7 月，爱因斯坦接受诺贝尔奖，在哥特堡的斯堪的纳维亚科学家会议上发表感言。瑞典国王也莅临聆听。

1945 年原子弹爆炸后，皇家科学院明显意识到爱因斯坦相对论对人类的重大作用，很快把诺贝尔化学奖颁给铀裂变的发现者奥托·哈恩。

作为公众人物，尤其是在德国，爱因斯坦所做的每件事情都会伴随各种声音。他的相对论已经被看作是"物理学的布尔什维克主义"，很多人认为爱因斯坦与拉特瑙都参与了犹太人

爱因斯坦获得诺贝尔奖时，做了《我的信仰》演讲

的阴谋，最后拉特瑙与苏联签订了友好条约。那时，与苏联联盟并不被德国民族主义看作是服务于国家利益外交政策中一个极其精明的举动，反而成了对祖国的背叛。一时间，阴谋论谣言四起。

莫斯科有传言说，爱因斯坦将于9月底到访，做有关相对论的演讲。1920年，爱因斯坦的著作由飞机带到俄罗斯，立即被翻译成俄语译本，出现在布尔什维克国家出版社第一批著作中。

10月6日，民族党《柏林日报》报道："爱因斯坦已动身前往莫斯科……莫斯科人民将以盛大的仪式欢迎这位著名的德国科学家。"

10月27日，民族主义《证券报》报道："苏联媒体称爱因斯坦将于10月28日抵达彼特堡，届时会针对专业的科学工作团体做相对论演讲。"

11月2日，《基勒日报》报道："预计爱因斯坦将在彼特堡停留三天。"

11月中旬，爱因斯坦"抵达德国"时，收到了很多威胁信件，信中民族主义狂热分子威胁，如果继续与布尔什维克勾结，他将会和拉特瑙一样被"枪决"。

然而，耐人寻味的是，爱因斯坦生平从未去过俄罗斯！

1923年末，爱因斯坦结束了世界之旅。在这次旅行中，他不仅是一名促进国际间相互理解的使者，也是一名对宇宙本质一般问题有着普遍兴趣的代表人物。

1925年，他出行访问南美。之后一直待在柏林。

Chapter7

原子物理的发展

7.1 爱因斯坦执教柏林

1924 年，爱因斯坦再次回到柏林。他偏爱两种演讲：一种是面向大众，以最简单清晰的方式解释其理论，并将科学的前沿发展生动形象地传授给大众；另一种则是面向专业水平极高的学生，做高技术含量的报告，并与听众讨论自己当前关心的科研问题。

爱因斯坦早期对高等数学技巧在物理理论发展中的应用持怀疑态度。1908 年，当闵科夫斯基用简单的四维几何形式来表述狭义相对论时，爱因斯坦认为其繁琐复杂，妨碍人们抓住理论中的物理精髓；当马克斯·冯·劳厄（1879—1960）在第一本相对论教材中以优美的数学形式展现相对论时，爱因斯坦又开玩笑说："我自己几乎看不懂劳厄的书。"

哥廷根大学最伟大的数学家、被称为"数学界的无冕之王"的戴维·希尔伯特（1862—1943）却意识到：尽管爱因斯坦表面上不关心数学问题，但他却知道何时何地应如何运用数学工具。当时，哥廷根大学是德国的数学教学科研中心。闵科夫斯基也曾在此执教，相对论的数学表达便发源于此。

在广义相对论中，爱因斯坦不得不借助高等数学的一个分支——"张量分析"（Tensor analysis）来完整地描述四维非欧式空间中的物理现象。由于理论计算的复杂性，爱因斯坦需要一位数学功底扎实的助手协助计算。但那时找这样一位助手并不容易。大学里的学生课业繁重，为了顺利毕业疲于考试和争取学分。尽管爱因斯坦很伟大，又幽默诙谐，但他们更愿意到给他们代课、出考试题的老师那儿，很少与爱因斯坦有私人联系。留学生则不同，他们没有学分和毕业压力，来到德国只为了跟着普朗克、能斯特①和爱因斯坦这样的德国杰出科学家学习。因此，爱因斯坦曾先后与俄国人、匈牙利人科尼利厄斯·兰索士（1893—1974）、澳大利亚人沃尔瑟·迈尔（1887—1948）合作。两位提供了很多帮助，对广义相对论的出版做出了宝贵贡献。

7.2 爱因斯坦科学哲学观

爱因斯坦在相对论和原子物理领域做出的先驱性工作促进了实证主义物理观念的建立，因此很多人把他看作实证主义的

① 能斯特：德国卓越的物理学家、物理化学家和化学史家，热力学第三定律创始人，1920年诺贝尔化学奖获得者

守护神。对于实证主义者，爱因斯坦带来了科学的福音；而对于实证主义的反对者，他则是邪恶精神的代表。实际上，爱因斯坦对于实证主义和形而上学的态度并不是那么简单分明的。他性格中矛盾的一面不仅体现在他作为教师的行为和对待政治问题的态度上，也同样充分地体现于他的哲学思想中。

尽管爱因斯坦毫无保留地接受了玻尔原子理论的成功，但是站在哲学的角度，他仍然不愿接受物理学不以描述物理事实为目标而只是观察的总结。虽然，他意识到微观粒子不符合牛顿定律，不能从初始条件预测出未来的运动。但是，爱因斯坦期望着，或许有某种还未发现的新理论能够解释所有的物理事件。最终发现一组普适的场方程，它包含了以光子为特例的一切粒子的运动定律。

实际上，爱因斯坦曾是一个实证主义和经验主义者，他从来不接受任何物理学长期建立起来的框架的限制。他认为，为了物理学的进步，人们可以随意发明新的公式和定律，只要能与新的观测结果相符合。更早的实证主义观认为，物理的一般规律是个体观察的总结，而爱因斯坦则认为，其基础应该是想象力的自由创造。只有两个原则能限制发明：一是经验主义的原则（empirical principle），即理论推导的结论必须被经验证实，二是半逻辑半美学的原则（half-logical, half-aesthetic principle），即物理定律应该在逻辑自洽的基础上越简洁越好。这一观念与"逻辑实证主义"几乎没有差别。

二十世纪以来，尤其是爱因斯坦创建狭义相对论和广义相对论后，人们发现物理定律越来越难以从观察结果中简单直接地总结出来，而且理论的基本原则与观察结果之间的关联更是前所未有的复杂。自十八世纪，物理学的发展也伴随哲学发展。普适规律再也不是对观察的总结，而是先由想象力创造、再被观察所验证。马赫的实证主义被逻辑实证主义所取代。

1933 年夏，就在爱因斯坦彻底离开欧洲前不久，他在牛津大学赫伯特·斯宾塞演讲上，就自己对物理理论本质的理解做了最详细的阐释。他首次谈论到十八世纪和十九世纪的机械论物理，说道：

> 那个时期的科学家大多确信物理定律和基本观念不是人脑逻辑的自由创造，而是通过抽象法、对实验结果进行逻辑处理后所得。而广义相对论的出现证明这一观点是错误的。

爱因斯坦强调基础的物理观念是想象发明的产物之后，解释说：

> 这一观念中，物理的基本原则具有纯粹的虚构性特征，而在十八、十九世纪，这种观念并不流行。现在，由于物理的基本定律和实验可验证的结果之间差距越来越大，此观念的依据愈显清晰。这是因为，逻辑上越统一，逻辑独立的物理概念则越少，物理观念与实验观测之间的鸿沟就越深。

除了爱因斯坦的人生经历和思想等方面，我们发现他对科学实证主义观的态度上也具有内在冲突。一方面，他认为，必须尽快在物理学上达成一种前所未有的逻辑清晰性，以极度的激进主义要求从物理假设中推导出与观察实验一致的结果，不愿意接受任何不能被观察结果检验的定律；另一方面，他觉得，即使逻辑实证主义也不能赋予科学中的想象力以足够的重视，无法将隐藏在某处的"确定性理论"证伪，而人们只要把这个理论找出来即可。因此，爱因斯坦的科学哲学观经常给不了解他的人一种"形而上学"的印象。实际上爱因斯坦坚持，只有可观测事实才能"验证"物理理论的实证主义要求。

7.3 统一场理论

在广义相对论中，爱因斯坦将重力归咎于引力场的作用。物质产生了引力场，引力场反过来作用于物质体，使物体受力。爱因斯坦将引力作为弯曲空间的一部分。带电粒子的情况也类似。它们之间的力由电荷产生的电场造成，电场又对其他带电体施加电场力。因此，质量和引力场的关系可以完全类比于电荷和电场的关系。爱因斯坦最终希望能建立一个"统一场"（"Unified field"）理论，将自己的引力理论和电磁场现象统一起来。他认为，这个理论对轻量子（光子）现象的描述或许能比玻尔的理论更好，从而可以推导出描述"物理真实"的定律，而不仅仅是对观察结果的总结。高等几何在广义相对论中有极其成功的应用，这启发了爱因斯坦在四维空间的基础上发展他的新理论。在这种情况下，除了空间曲率，必然还有其他与引力场效应相关的特征。

1929 年，在爱因斯坦五十华诞之际，他正在建立统一场理论的消息传遍了各地。对大众来说，如果爱因斯坦能在他五十岁生日的那天发现一个可以解开一切自然谜题的魔法公式，那多富有戏剧性。爱因斯坦收到了来自世界各地报社和出版商的询问，请他简单介绍新理论的内容。爱因斯坦惊愕地对追踪他的记者说："我真的不需要任何宣传。"但是，所有人都翘首盼望爱因斯坦能再次震撼世界。得知文章将发表在普鲁士科学院议事录上后，人们想尽办法取得小样。一家美国报社只好安排在文章发表时立刻拍照传真过去。

这篇文章只有几页，但大部分都是公众无法理解的数学公式。对外行来说，这篇论文看起来就像用楔形文字写的"天书"。要读懂这篇论文，必须具有相当深厚的几何数学功底。文章揭示了从四维空间几何结构相关的假设出发，推导出统一场普适理论的可能性。这些大统一的理论包含了已知的电磁场理论和引力场理论等特例，然而却没有得到任何可以被实验验证的结果。对于公众来说，这个新理论比爱因斯坦之前的理论更加难以理解。对于专业人士来说，这个理论是既富有逻辑性、又具有美感的集大成者。

Chapter8
肃清

8.1 爱因斯坦五十华诞

1929 年 3 月爱因斯坦五十岁生辰来临之际，为清静，爱因斯坦决定外出暂避几天。

好友们一起购买了一艘帆船送给爱因斯坦。风帆操控是对力学规则最简单的应用，能切身体验物理定律，爱因斯坦乐不可支。他写下一篇科普文章，从一条物理定律的视角解释了帆船迎风行驶的原理。

美国犹太复国主义者为庆贺爱因斯坦五十岁华诞，在巴勒斯坦买了一块地，种下一片以"爱因斯坦"命名的小树林。

柏林的市政管理部门代表所有市民心意决定送他一栋郊区住宅。

但是，整件事情却演化成备受争议的政治事件。爱因斯坦

与艾尔莎和她的女儿玛格特，柏林，1929 年

致信柏林市长，内容大致如下："亲爱的市长：人生苦短，而市政当局工作进度又太慢。我的生日已经过去，这份礼物我不要了。"

最终，房子是爱因斯坦出钱盖的，土地也是爱因斯坦出钱买的。艾尔莎打趣说："现在我们没钱了，但我们有土地和房产，我们还有安全感。"

然而不到三年，爱因斯坦和妻子就离开了。

那么，这出闹剧为什么会在柏林这个秩序森严的城市上演？

这个问题也是整个德意志共和国的问题。表面上，柏林市的领导代表文化人，他想通过礼待爱因斯坦来凸显自己的地位，但是真正的权力却掌握在黑帮手里。

8.2 帕萨迪纳客座教授

1930 年，爱因斯坦受邀到加利福尼亚州帕萨迪纳市加州理工学院做冬季的客座教授。十二月，他乘船前往美国。当时，他的政治兴趣全都集中在反战主义上。在船上，他向美国广播了一条消息：

> 向美国问候。阔别十年，我将再次踏上美国的土地。这个国家历经千辛万苦，才取得当今独占鳌头的世界地位。朋友们，你们的国家蕴含着一种潜藏的力量，它能摧毁军国主义，只有在这里，这种力量才清晰明了。今天，你们的政治经济条件可以彻底铲除军事暴力传统。现在，请接受你们的使命。

在美国加州期间，爱因斯坦受邀参加加州理工大学和威尔逊山天文台的科学研究。罗伯特·安德鲁·密立根的努力让加州理工大学成为物理研究的中心。他是个现实主义者，不仅有很强的科研能力，还有很强的管理能力。爱因斯坦笃信反战主义，密立根则认为，这并不符合当今世界形势。不过，两人在一个问题上观点一致。他们都坚信，宗教团体在人类合作的发

在加州理工大学 1931 年

展中起着重要的作用，但也都反对宗教教条对科学指手画脚。

1931 年春，爱因斯坦重回柏林。同年秋，他又回到帕萨迪纳，度过整个冬天。

1932 年春，他再次回到柏林，正好目睹了德意志共和国将亡之时的举措。

总统选举在 1932 年 3 月举行。德意志帝国的兴登堡是民主党和社会党的候选人。阿道夫·希特勒是他强有力的竞争对手。由于德国总理布吕宁大肆宣传，兴登堡赢得了选举。但他实际信奉的却是德国之前的专制统治。

5月，兴登堡上台后的第一件举措就是，迫使布吕宁放弃总理职务。随后，兴登堡任命巴本为总理。他向德意志帝国议会宣布，"实利主义"的时代已经过去，一个"全新的政权"正在冉冉升起。他动用国防军，解散了普鲁士政府。

许多科学家认为，德国的实权落在了军方手里，可以遏制纳粹。爱因斯坦则认为，"一个军事政权并不能阻止即将发生的纳粹主义革命。"

1932年秋，爱因斯坦携夫人离开卡普斯，再未归来。

同年12月，施莱谢尔成为总理。他想建立以工人阶级为基础的新政府，但兴登堡总统不同意。1933年1月末，当爱因斯坦在加利福尼亚，与威尔逊山天文台的天文学家探讨太空物质分布和宇宙物质分布等问题时，施莱谢尔辞去职务。阿道夫·希特勒正式登上历史舞台，成为德意志帝国的新任总理。

8.3 德国大学的种族清洗

迄今为止，德国教授们的最高理想就是撇清科学和政治的关系。但是，当政权落入希特勒及其党羽手中时，他们的首要原则就是将政治凌驾于人类生活的各个领域，比如经济、艺术、宗教还有科学。

新的指导方向指明，国家所有行动都要有利于德国人民和日耳曼民族，科学和其他一切活动都应以此作为终极目标。

考虑到"科学自由"是教授圈子中最受重视的口号，新政府觉得，在强制推行政策的同时，应尽量保留原有的表达。在第一次世界大战背景下，西班牙裔美国哲学家乔治·桑塔亚纳在其论文中对这一"自由"做出了解释：

> 德国哲学所说的自由有其特殊含义。它不是指选择的可能性或个人的主动性。这种自由是对新兴事物的一种深刻理解，而你却无法拥有。

在此期间，德国教学领导者克里克清楚地呈现了对这种深刻的、形而上学理论的实际应用。他表示：

> 需要被限制的不是科学本身，而是那些科学调查者和师者。只有那些科学天赋极强、并宣誓效忠国家、支持世界种族概念、投身德国使命的人，才应该继续在德国的大学里教书、做科研。

这种对自由的解读，为德国大学"清洗"教职员工行为奠定了哲学基础。

高等学校的老师首当其冲遭遇了"清洗"运动的迫害。根据该理论，老师的种族渊源致使其不配教育年轻人。这次运动，把非日耳曼人或斯堪的纳维亚人的老师称作雅利安人；既不属于日耳曼也不属于雅利安的这群人则被称为犹太人。

"犹太人"并不专指信奉犹太教的人。纳粹主义者认为犹太人应当按照种族区分，却没有清晰的标准来界定犹太人。因此小心谨慎的德国教授认为，不会发生种族"大清洗"这样的事情。

可惜，教授们还是不熟悉这个新哲学的"实用"精髓。从一开始，"雅利安人"的界定就是不可信的。

把血缘和宗教结合起来的定义巧妙地实现了政治目的：整群驱逐可能影响学生政治和意识形态的人。

清洗各地犹太人的工作碰到很多困难。有一种包括犹太人在内的非雅利安人群无法定义其身份。最后裁定，非雅利安人的身份识别根据其祖父母及外祖父母信奉的宗教来界定。因此，传统逻辑的根本规律之一，排中律就这样被打破。排中律同时也是思维的规律，即一个命题是真的或不是真的，此外没有其他可能。然而，根据官方的界定，匈牙利人既不属于雅利安人，又不属于非雅利安人。

随着新政权在政治上不断取得成功，既不是雅利安人又不是非雅利安人的这群人数量激增。但是，新政权的反英政策致使纳粹主义者向闪米特阿拉伯人靠拢，该族群最终被认定为非雅利安人。因此，有人断言，犹太人根本不属于任何种族，他们自成一种混杂的"反种族人群"。

现在仍需一个并非依靠宗教信仰来界定种族的标准。最后区位成为标准：居住在密集居住区的种族与日耳曼民族有一定联系，犹太人则散居在各城市和商业中心。根据这一定义，大学遭到了彻底的清洗。

与种族清洗同时进行的还有政治清洗，但标准没有那么明确。在种族清洗中，人的结局都是命中注定的。在政治清洗中，则可以用良好的行为来抵消之前的政治错误。

为了更彻底地进行"肃清"，对于那些没有种族问题、政治问题的老教授，新统治者强行向他们发放养老金，迫使其退休。

8.4 仇视爱因斯坦

"大清洗"发生时，爱因斯坦并不在德国。很明显，新政权的统治者对爱因斯坦的敌意比对一般科学组织的敌意更为强烈。

发酵到最后，纳粹主义者都认为，爱因斯坦是某个秘密行动的主谋。纳粹主义者不仅从学术上攻击爱因斯坦，甚至诬陷其理论带有布尔什维克和犹太人的思想。

这些攻击早在1918年第一次世界大战结束时就初见端倪。1933年5月，爱因斯坦的老对手勒纳在纳粹主义党的喉舌报刊《人民观察家报》上发表了一篇文章。

"犹太人对于自然科学的研究存在潜在的危险，爱因斯坦的研究尤为突出。他在数学领域根本站不住脚的理论，由陈旧的知识及其武断的观点构成。"

两年后，一所新的物理研究所成立，勒纳在他的就职演说中表示：

> 我希望这个研究所成为对抗科学领域中亚洲精神的一面战旗。我们的元首已经在政治和国民经济中根除了马克思主义。而自然科学过分强调爱因斯坦，他依旧占领支配地位。我们一定要认识到，德国人成为一个犹太人的信徒十分不值。自然科学完全是起源于雅利安人的，德国人必须找到自己探知未知事物的方法。

人们对"犹太物理"进行了界定，证明爱因斯坦的研究具有"犹太"特点。

要求科学尽快转向实用在新政权中并不少见。俄国的苏维埃政权刚开始也是如此。

1934年，第二位纳粹领袖赫尔曼·戈林说道：

> 我们尊重并敬佩科学，但科学本身绝对不能成为一个终结，也不能成为知识分子的傲慢资本。现在，我们的科学家拥有一片沃土，他们应该研发，如何用国产原材料来替换进口原材料。教育部部长伯恩哈德·鲁斯特言简意赅地说："纳粹主义反对的不是科学，而是理论。"

几年前，德国物理学家威廉·维恩在与著名英国物理学家欧内斯特·卢瑟福的谈话时表示出对德国国家主义的极大支持，他说："你们盎格鲁－撒克逊人永远理解不了相对论。"

法国国家主义物理学家布阿斯表示："法国人习惯拉丁语的那种清晰明了，法国人永远不会理解相对论，这是日耳曼人神秘的思索。"

如前文所述，"大清洗"开始时，爱因斯坦还在美国。得知这件事，爱因斯坦前往纽约与德国领事馆沟通。依据官方职责，领事馆告知爱因斯坦不必担心返回德国，一个"全国性的"政府正在掌权，会公平对待所有人。

爱因斯坦决定，只要新政权还在，就不回德国。正式会谈结束以后，副领事私下对爱因斯坦说："教授先生，您的决定非常正确。"

对于德国肃清事件，记者都很想知道爱因斯坦的看法。他的回答总是："我不希望生活在一个没有言论自由、并且不宽容对待种族和宗教信仰的国家。"

1933年春天，爱因斯坦在比利时的海滨度假胜地定居

1933 年

(Le Cocque)。爱因斯坦知道,自己与普鲁士科学院的渊源必须终止了。当时,普鲁士科学院的院长是马克斯·普朗克,他最先赏识爱因斯坦。在柏林那段时间,除了工作中的争执,普朗克一直支持爱因斯坦。他并不希望爱因斯坦离开普鲁士科学院。但是,爱因斯坦不想让他难做,于是简明扼要地写道:因当前政府原因,他不想再为普鲁士效力,请务必批准辞去职务。

普鲁士科学院起初含糊其词,之后进行了多次讨论。一方面，作为公正的科学机构，普鲁士科学院希望维护学院名声，挽留爱因斯坦。另一方面，他们也想遵循政府的意图，同意他请辞。

执政党的报纸满篇都是攻击爱因斯坦的声音。迫于无奈，普鲁士科学院最终决定撇清与爱因斯坦之间的关系。

一时间，爱因斯坦在海外诋毁"德国"的说法甚嚣尘上。

爱因斯坦没有意识到自己一直"积极参与"了海外这股煽动风潮，4月5日，他在给普鲁士科学院的回信中这样写道：

> 我不知道自己在国外传播了德国所谓的"暴行"事件。
> 我所关注到的是，德国新政府一直在重申一个大计划，那就是将德国犹太人覆巢倾卵。……我希望，普鲁士科学院会对其成员和德国民众公开我这封信的内容，我一直受媒体诋毁，公开我这封信有利于媒体继续诋毁。

普鲁士科学院不再坚持爱因斯坦在海外抹黑和传播德国"暴行"的说法，并发表声明：虽然爱因斯坦没有参与海外传播德国"暴行"活动，但他却没有尽自己最大的努力阻止流言蜚语，维护祖国声誉。

4月7日，普鲁士科学院给爱因斯坦写了一封信，大致内容如下：

> 我们一直期待您这样的人能成为普鲁士科学院的一员，与我们共同维护祖国的荣誉。作为鼎鼎大名的学者，您的友善言论在国外一定会产生积极的影响。但是，您的言论不但与现在的德国政府为敌，更加与整个德国人民为敌。我们决定不再继续聘用你。

普朗克和爱因斯坦

　　爱因斯坦看过信后，觉得普鲁士科学院不会纠缠此事，因此 4 月 12 日他给普鲁士科学院写了一封告别信：

　　　你们说如果我发表有利于德国人民的友善言论，那将会在国外产生积极正面的影响。我的回答是，如果我发表那种"友善言论"，那将否定我一生所追求的正义和自由，为道德野蛮化和文化价值沦丧做出了贡献！你们的来信所体现出来的唯一价值就是证明，我的请辞是正确的。

爱因斯坦主动向普鲁士科学院提出辞职，主要是不想马克斯·普朗克难做。

对个人和机构实行的暴力行为只是"人权革命"临时的附带现象。对此，普朗克说："你的想法真是奇怪！如果找不到和现在条件相当的工作，为什么不考虑申请年假呢？"

身为凯撒威廉研究所所长的普朗克一直竭尽全力地留住非雅利安族裔科学家。正因如此，非雅利安族裔的科学家在研究领域以及接下来的教学工作中才得以继续发光发热。在柏林的这次清洗运动中，普朗克虽然成功留住了研究所里的好几名非雅利安族裔研究人员。但是，清洗运动确实从精神上对他们造成了摧残。

普朗克曾亲自尝试劝说希特勒。希特勒承诺，只要犹太人不是布尔什维克，他会给这些犹太人工作机会。但他骨子里根本是将每个犹太人都戳上了布尔什维克的印章。他坚定地说："不要认为我的意志不堪一击，不要以为我会因为小小的顾虑放弃我宏伟的目标。我会将一切进行到底。"

爱因斯坦的主动辞职，免去了普鲁士科学院的尴尬。但是，他还是收到来自巴伐利亚科学院的官方开除他的正式信函。

爱因斯坦在卡普斯的别墅被政法警察搜查了。不可思议的是，他们指控爱因斯坦是一名反动势力的政治领袖或同谋。据此，爱因斯坦的财产都被国家没收了。政法警察对此的公告如下：

很显然，爱因斯坦的这些财产是给共产主义革命提供的资金资助。

非常有讽刺意义的是，作为德国公民，爱因斯坦要倾家荡产；而作为瑞士公民，他的财产可免遭没收。

在柏林国家歌剧院的广场前，爱因斯坦相对论的相关书籍被公开焚毁，一同烧毁的还有一些视为淫秽书籍、具有布尔什维克倾向的书籍。其对手利用政治，竭力阻止德国大学教授他的理论。

然而，事情发展却并非如敌手所料。国家社会党通过了一项决议：物理理论不属"纳粹主义"。德国的大学没有杜绝讲授爱因斯坦的理论，讲解与否全凭教授的勇气。

为了躲避勒纳这类政治物理学家对科学研究领域的持续干预，大部分的德国物理学家技穷才尽。他们认为，只有一个办法可撼动勒纳的威望，那就是证明他是非雅利安人。调查范围还包括勒纳的父母，但结果显示，勒纳的父辈和祖辈都不是犹太人。

德国物理学家追求科学的饱满热情，是这个时期的一个特殊标志。

8.5 最后的日子

爱因斯坦在欧洲的最后几周是在一幢别墅中度过的，离德国并不远。许多人担心，德国狂徒会越过边境来"清算"他。

爱因斯坦在比利时有几个好友，天主教神父勒梅特就是一位。他发现，爱因斯坦宇宙空间的引力场方程与宇宙间的物质分布一致，这种物质分布的平均值并不是恒定不变的。据此，勒梅特假设，宇宙中的星系不断运动，星系与星系之间的距离渐渐变远。根据这一假设，他创立了宇宙膨胀理论。该理论为十多年后苏联数学家弗里德曼的理论做了铺垫。关注宇宙膨胀理论，勒梅特是第一位。最后，天文观测数据证明了宇宙膨胀理论的正确性。由于勒梅特在比利时名满学界，硕果累累。比利时王后因此对爱因斯坦的理论也饶有兴致，在各种场合她都乐于与爱因斯坦交谈。

比利时皇室和比利时政府非常担心刺客来比利时刺杀爱因斯坦，于是安排了两名贴身保镖，日夜保护。

爱因斯坦心中想的都是他与柏林普鲁士科学院之间的来往书信。最后，为了摆脱烦恼，他写下了几句幽默诗句。以下列几句开头：

> 感谢你的来信，
>
> 那般温柔，
>
> 又这般疼痛[①]。
>
> 这就是典型的德国人，
>
> 就像寄信人，
>
> 寄来思念，
>
> 勾起思绪。

爱因斯坦的天性中蕴含着艺术，经常像这般自然流露。

8.6 爱因斯坦兵役观

德国革命的右派分子清楚地告知周边小国，他们要打破《凡

---

① 疼痛：tender，双关，有温柔、疼痛的意思。

尔赛条约》的约束，必要时还将采取武力行动。1914年至1918年的那场战争让比利时为人知晓，被列入了"生存空间"范畴。比利时人深感不安。

当时的比利时，跟其他国家一样，很多人都有着一种根深蒂固的观点——所有战争都是由资产阶级镇压工人阶级导致而起，因此应避免以任何一种方式支持战争。即便如此，很多比利时人还是知道，完全反对每一场战争很容易使国家成为邻国的猎物。

一群年轻的比利时反战主义者向爱因斯坦征求意见。为此，爱因斯坦写下了这些话：

"百分之五十四的美国神职人员在问卷调查时表示，未来不会参与任何战争。坚持这样的立场和态度，才能有助于维护世界和平。"

不过，当比利时的年轻人问爱因斯坦：如果比利时卷入了侵犯邻国的战争，他们是否应该拒绝参战时，爱因斯坦可不迷糊。他很清楚，首先必须鼓励他们参战，在当时的情况下这种行动方针完全可行。其次，他很清楚，作为一个坚守原则的人，在任何情况下都不能抱有支持参战的幻想。爱因斯坦简洁明了地这样回答了他们的问题："在这种内忧外患的情形之下，每个人都应该尽自己所能为祖国——比利时的自由而战。"

爱因斯坦的回答在当时引起轩然大波，许多人甚至怀疑其真实性。

他思想中的这些实证主义特征让很多人不能理解。

他相信，除了得到相应的结果，原则本身没有任何意义。

其立场很清楚：如果原则引发了他不赞成的后果，他永远不会因为原则语言优美而支持原则。

不仅是物理科学，爱因斯坦对兵役的态度亦是如此。爱因斯坦认为，"绝不参战"的原则只有满足这样的条件——即"不同政权取得的胜利会给其民众带来相同的喜悦"，才有实用意义。但这并不能证明战争的合法性以及正当性。因此，服兵役的原则只有在国家之间不存在极大利益差异时，才是真实有效的。

爱因斯坦直率和坦诚的思考让他再一次成为被攻击的对象。

这段时间，成千上万的、老老少少的学者和科学家都密切关注爱因斯坦。这些人都是因清洗运动而被驱出德国。英国科学家想给他们提供一些机会，让他们能在有利的环境下继续研究。不久，大名鼎鼎的英国物理学家卢瑟福就开始行动了，他在伦敦建立了学术组织援助委员会。1933年10月，爱因斯坦作为受害者的代表，公开出席了第一次会议。

爱因斯坦慎重演讲。他强调了提供救济措施的必要性，随后总结："以一个法官的身份来评判一个国家不是我的研究任务，况且这个国家还是我热爱多年的祖国。"

会议闭幕不久，爱因斯坦在南安普敦等待一艘来自安特卫普的中型客轮，他即将启程前往纽约。

在爱因斯坦美国的新生活之前，我们还需了解欧洲的政治和宗教团体，他们如何以一种独特的方式运用爱因斯坦的抽象理论，实现其目的。

Chapter9
科学与政治

9.1 科学理论与政治意识形态

对理解或相信爱因斯坦理论的物理学家和数学家来说，听到那些对爱因斯坦理论一知半解的人问一些问题时，他们会觉得奇怪而无聊。

但是，无论谁在调查其他新兴宇宙理论的结局时，都会发现这些理论引发过很多激烈的争论。

从科学到政治意识形态的转变过程中，哲学起到了桥梁的作用。用哲学语言来归纳科学理论，这期间便产生了系列术语，以及其他有用的表述词汇。通过这样的方式，科学理论逐渐转化成道德和政治哲学的原则。

在这一点上，塞缪尔的看法如下：

某种哲学促进了国家意识形态的形成。我们的每一寸土地都回响着军队的脚步声，军队的背后是独裁者和议会，支持他们的政治信条是——纳粹主义、法西斯主义和民族主义。

哲学体系一直喜欢吸收最新兴、最前沿的科学理论，并利用这些理论加固其基础。然而，这种方式并没有解决哲学的含糊问题。伯特兰·罗素对这种含糊的特征做了详细阐释：

> 作为一种新兴的科学理论，爱因斯坦理论的使用存在一种常见的倾向：即每一位哲学家按照各自形而上学的体系来阐释爱因斯坦的理论；之后将阐释得到的结果强加到他们自己的理论体系中，进而巩固其理论基础。

造成这种含糊性的原因是：哲学诠释不是依据爱因斯坦理论的物理内容，而是依据建构其理论的语言。

爱因斯坦和他的团队阐释相对论时所用的语言有两个特征。第一，他的表述摒弃了机械论的类比方法。第二，他采用"相对某种物体"的表达方式。

摒弃了传统的机械学类比，爱因斯坦相对论的观点与世界各种反对机械观念以及反对与之相关的唯物主义哲学观点在一定程度上趋于一致。

这样，爱因斯坦的相对论，既可以作为支持，也可以作为对抗唯物主义论的武器。

9.2 前法西斯阐释

法西斯集团经常发表言论，共产主义哲学是唯物主义，而他们则是非唯物主义或是唯心主义。如果爱因斯坦的相对论被解释成反对唯物主义，提倡唯心主义，那么，爱因斯坦的理论就可为法西斯主义所用。

早在 1927 年，德国政治家、演说家约瑟夫·戈培尔就展示了如何用德国唯心主义语言来为其党派服务。通过强调其反机械论的特点，即可将相对论用作抨击"唯物主义"民主的武器。

在抨击爱因斯坦的过程中，反对派想利用纳粹主义政党的政治权利实现自己的目的。早在纳粹主义兴起前，胡果·丁格勒就反对爱因斯坦的理论，但一直未见成效。针对帕斯库尔·约当书中的内容，胡果·丁格勒表达了自己的愤慨："把如此具有破坏性的理论——爱因斯坦相对论应用在德国和意大利的国家运动上，真是无稽之谈。"

说到"破坏性"——这个形容爱因斯坦相对论的词汇，就不得不提及相对论第二个语言特征，即"相关性"的表达。胡果·丁格勒将爱因斯坦的相对论与苏格兰启蒙运动联系到一起。这场启蒙运动的核心主题与各种唯物主义相关，这恰恰是纳粹政党所强烈反对的。

如果相对论不由爱因斯坦提出，它很有可能像其他哲学思想一样在其领域成为永恒的争辩对象。但是，因为爱因斯坦犹太人的血统以及其作为反战人士的政治态度，其理论不可避免地遭受到了种种谴责和非议。

9.3 外界抨击：爱因斯坦理论中的犹太思想

通常，纳粹主义都把上述两个语言表述特点视为犹太人思想的典型特征。据说，相比于观察总结，犹太人更喜欢研精。也有人说犹太人并不认可纯粹意识上的观念，只相信实践出真知。

　　在讨伐声中，不乏有人认为爱因斯坦的理论仅仅是一种对事实的猜测。德国著名的实验物理学家菲利普·莱纳德就是这样一个抨击者。在其《德国物理》中，他这样说道：

　　　　犹太人的物理学出类拔萃，特别是拥有正统犹太血统的阿尔伯特·爱因斯坦。他的相对论改变并统治了整个物理学界。然而面对客观真实，相对论在某些方面就愈发显得捉襟见肘。

图为菲利普·莱纳德1942年在海德堡大学获得名誉博士学位的场景。身穿纳粹制服的男子是德国邮政部长威廉·奥内佐格（Wilhelm Ohnesorge）。在基尔大学期间，他是莱纳德的学生

1937 年，地方师生团体齐聚在德国慕尼黑，举行了一场学术会议。会议议题是，探索自然界"犹太"方式的起源和发展，这种"犹太"方式与第一次世界大战战后的政治局势有着某种关系。在此次学术会议中，提出了以下内容：

自然科学整个体系的发展，离不开雅利安科学家的共同努力，其中以德国科学家人数最多。海因里希·鲁道夫·赫兹时期也正是犹太人自然科学循序渐进的发展时期。那时，犹太人的自然科学更新了以太物理学中模糊的概念，并从雅利安物理发展的过程中分离出来，形成一个分支。通过有组织地占据学术职位，以及越来越强硬的态度，犹太人想用其自然科学撼动雅利安物理学的基础地位，从而压制自然科学的所有新思想。最终，著名的相对论取代了雅利安人的物理学。在相对论的表述中，同时语言表达中彰显了犹太人的典型禁忌——即"不可言说"。这种发展与犹太人在战后其他领域所取得的成绩形成了一种暂时的巧合。

1938 年，普通科学杂志创刊，创刊目的是更具体地传播科学的纳粹主义概念。杂志里的一篇文章写到关于数学和物理中的种族依存关系：

犹太人对自然科学发展的影响，首先是因为他们对经验和理论基本关系的不同态度，尤其是对理论的偏爱。爱因斯坦的相对论为我们提供了一种典型的犹太理论模式。他理论的首条教义便是光速不变原理。事实上，爱因斯坦光速不变原理和其他物理理论的基本假设一样，该理论更多的是一种经验事实，而不是纯粹的教条。正是对爱因斯坦相对论的阐述不够完美，所以很多人认为，相对论中理论和经验的关系与从前的物理理论不一致。

犹太人对理论思考的偏好与雅利安德国人追求具体行动的偏好形成了鲜明对比。这种差异也体现在他们的政治主张上。

因为纳粹哲学代言人的言论，爱因斯坦的理论被贴上了唯物主义标签，并因此与马克思主义联系在了一起。1936年，在自然科学专业学生协会的组织营地上，进行了一场别开生面的演讲。

一位发言人做了总结："作为一种自然原则，广义相对论绝对是一种彻底的唯物主义思想和精神风貌的表述。"

在同一时期、不同领域对其理论的表达做一比较。爱因斯坦的理论是在马克思主义基础上而发展起来的。

1937年，这位发言人再次说：

在哲学启蒙运动的影响下，十九世纪时期的理论研究过分依附于表面的东西、重视物质的东西。因此，绝大多数的科学家都无法理解并发展以太的概念。为了能够评判这些论点，我们必须记住，以太引入到物理学只是为了以机械论的类比方式来解释某些的现象。爱因斯坦是第一个认识到，不可能利用机械光学对这些现象进行解释，因此他放弃了以太。而纳粹主义党派的科学支持者们并不想接受这个事实。他们不想放弃机械观的物理概念。

后来，莱纳德也提出了一个折中的解决方法。因纳粹执政，他从一个新角度攻击爱因斯坦的理论。从前，他反对过爱因斯坦，因为爱因斯坦摒弃了物理学中的机械学解释；如今，他指责爱因斯坦的唯物主义理念，指责爱因斯坦没有认识到没有物质属性的以太。但是，从机械观的意义看，爱因斯坦对光学现象的解释没有任何机械学基础，相比莱纳德，他的理论基础离唯物主义更遥远。

反对爱因斯坦的另一个原因来自"力"这个词汇的使用。作为一个术语，纳粹党人尤其偏好使用这一词汇。这一斗争现象，非常清楚地揭示了物理和政治两个层面上存在着很紧密的联系。

奥地利的恩斯特·马赫和德国的古斯塔夫·基尔霍夫在物理学上率先构建了一个"力"不出现于运动定律中的机械体系。电磁波的发现者海因里希·赫兹在马赫、基尔霍夫之后，也一直在寻求一种新方式，在运动的基本规律之中去除"力"的概念。在爱因斯坦的引力理论的概念中，"力"并没有作为一个基本的概念出现。

消除"力"这个基本概念被视为犹太人思维方式的显著特征。在文章中我们读到：

作者将"犹太物理学"与特别喜欢的纳粹目标联系起来——即《塔木德》，书中写道：

在爱因斯坦理论里，其表达的思维模式以"塔木德式思考"而闻名。这种塔木德的任务是为了实现神谕的训词。犹太人十分正式遵守犹太教法典的规定。这种规定的形式对犹太人极其重要。形式主义的塔木德思维方式也体现在犹太人的物理学上。在相对论中，光速不变原理和自然现象的广义相对论的原则都表征了犹太教法典的思维方式。所以在犹太相对论的概念中，空间和时间被剥夺了所有的精神，其只能以权宜之计来定义，变成了一种纯粹的知识。

爱因斯坦理论中"长度""持续时间"等概念的定义与传统物理学的定义相比，似乎"毫无生气"，其中的缘由如下：在科学发展的每个阶段，都有其特定阶段定义的相应概念。当这种阶段持续了很长一段时间后，科学的词语逐渐变成了日常生活中经常用到的词语。

9.4 爱因斯坦与苏联哲学态度

苏联政府出版了《苏联大百科全书》。书中关于"爱因斯坦"的部分，开头是这样写的："爱因斯坦是我们这个时代最伟大的物理学家。"苏联哲学家认为，爱因斯坦不仅是一位伟大的物理学家，也是一名哲学家。在《苏联大百科全书》讨论"以太"的文章中，我们可以发现这样的内容：

> 在物理学中，将以太和物质对立是完全错误的。这是因为物理学家认为，只有重力和惯性才是判断是否为物质的标准，所以物理学家认为以太不是物质。

书中分析了在二十世纪初，列宁提到的自然科学危机……以太是一种物质，和其他物质一样是客观存在的真实……相对论是基于数学的描述而提出的，它没有回答关于物理现象客观本质的问题。

通过研究俄国列宁掌权期间发生的重要事件，我们发现，没有人尝试过用政治事件来影响物理理论性质。

1934年，在苏联共产党哲学研究所的纪念会议上，苏联的著名物理学家约费正式提出，物理、哲学、政治之间的关系是非常清楚的。这次会议是为了纪念列宁的主要哲学著作。约费在此次纪念会议的演讲中说道：

> 当玻尔、薛定谔和海森堡这些物理学家表达他们对物理学的哲学意见时，他们的哲学观有时是他们所生活的社会环境的产物，有时是有意识或无意识的社会任务的执行产物。因此，海森堡的物理理论属于一种唯物主义理论。列宁也是如此，列宁没有批判马赫的科学研究，只批判了他的哲学。罗马教会的哲学家已经明确区分了哥白尼的天体运行理论和伽利略对其理论的哲学诠释。

1938年，苏联著名作家莫夫在《物理学哲学》的一篇文章里提到列宁《唯物主义和经验批判主义》一书的重要意义：

> 没有比爱因斯坦的相对论更具有理想主义的物理理论了。有许多严谨的科学家趁机指出了相对论的哲学影响。唯心主义者指出，他们所有的努力都是对唯物主义的驳斥。

在这里，"唯物主义的驳斥"意味着有必要背离牛顿力学理论和以太理论。后来，莫夫明确提到了唯物主义倾向的政治根源，他这样说道：

> 在我们这个时代，许多国家的资产阶级已经抛弃资本主义的形式，进行独裁专政。由于受到科学世界观的迫害，许多资本主义国家的科学家与这种转变联合加入阵营，并采取实际行动。

不久，广义相对论的提出震惊世界。1928年，莫夫指出，战后，广义相对论在某种倾向性的土壤里生根发芽了。莫夫描述了战后的德国，说道：

唯心主义气氛包围了相对论，并且一直持续到当今。学者在资产阶级社会边界的无能导致了相对论只为宗教和形而上学的观点所利用。我们应该怎样认识相对论呢？我们应该接受所有的实证材料、所有的结论和归纳逻辑……但是，要替代资产阶级偏好从唯心主义来诠释相对论，我们必须发展一个辩证理论来诠释相对论。我们需要用无产阶级意识形态武装起自己年轻有为的科学家。

为了正确了解苏联对相对论的态度，我们必须区分两个阶段。苏维埃政权的第一年，官方哲学中盛行一种观点，即相对论与唯物主义是矛盾对立的。

著名纳粹德国物理学家莱纳德对爱因斯坦的理论持反对态度。1922 年他的书出版后，由莫夫引介，译成俄语出版。莫夫写了一篇书评发表在苏联的权威哲学杂志《在马克思主义的旗帜下》上，文中说道：

爱因斯坦把绝对价值归咎于心灵的创作，并将物质世界与经验世界放在同样的位置时，莱纳德对此有着截然相反的观点。从常识的角度来看——即相对于哲学需要，人们更需要物质世界的经验，勒纳更喜欢保持机械论的世界图景。从唯物主义观点看，勒纳显然认识到相对论所引发的矛盾。

另一方面，我们或许已经了解，纳粹哲学常宣称："我们将物理理论视为'唯物主义'还是'唯心主义'，重点只取决于它的哲学解释到底是怎样的。"

早些时期，苏联哲学家对马赫和爱因斯坦理论的批判，在很多方面恰好与纳粹主义作家一致。我们只需要聆听批判的声音，就能知道他们拒绝一切不能被感官直接体验的物理描述对象，从而怀疑一切、毁灭所有自然的客观知识等等。

后来，苏联哲学研究所谴责，将机械物理学混淆唯物主义的做法是与现代科学不兼容的反动学说。事实上，马克思和恩格斯已经谴责了这种机械唯物主义。在强调马克思、恩格斯、列宁的辩证唯物论时，"唯物主义"意味着，科学关注独立于人类意识存在的客观事实，但是这些客观事实并不仅仅是物质粒子的运动而已。

第二阶段的苏联哲学抛弃了"机械"唯物主义观点。俄罗斯首席物理学家瓦维洛夫证明了，如果从马克思、恩克斯和列宁的角度来阐释相对论，相对论就非常符合唯物主义。在1939年的一篇文章中，瓦维洛夫清楚地写道：

> 没有物质属性的客观真实空间，没有物质的运动，是形而上学幻影，迟早要被驱逐出物理世界以外……爱因斯坦提出的历史性理论是对旧的形而上学的空间和时间概念的否定……在爱因斯坦的理论中，时空是物质本身不可分割的存在。这就是爱因斯坦的广义相对论的基本思想。时空的唯心主义的概念由此不复存在……在我们面前只是一个模糊的轮廓，尽管还远称不上完美，这就是时间和空间辩证唯物主义的理解。辩证唯物主义再一次胜利了。

在苏联，"纯哲学"脱离科学的危险已越来越为人们所认识到。作为进步思想的唯一基础，科学家和哲学家的精诚合作越来越被需要。1942年，俄罗斯科学院举办了一次名为"苏联哲学二十五年"的会议。会上，苏联著名哲学家米京做了发言。

他指出并祝贺了苏联二十五年来在哲学领域取得的重要成就之一，即停止抨击爱因斯坦的理论，并建立了爱因斯坦理论与唯物主义的一致性。

米京宣布：

> 也许现在可以说，爱因斯坦理论的哲学结论已经牢固地确立了。

彼时，米京首次抵达纽约港，面对记者，他总结了爱因斯坦的理论要点：

> 时间和空间与运动的物体是不可分割的，且必须被看作相对于运动的时空。在这个层面来说，时间和空间就是相对的……

Chapter10
爱因斯坦在美国

10.1 高级研究院

德国各大学发起的种族、政治肃清运动，迫使大批有才华的知名学者去海外寻求发展。这使得海外机构可以从德国人才市场上廉价雇佣到许多曾经想都不敢想的杰出学者。显而易见，爱因斯坦便是这个市场上炙手可热的"货物"。

许多大学向爱因斯坦伸出了橄榄枝：马德里大学、耶路撒冷的大学、家喻户晓的巴黎索邦神学院……但全都被他婉拒了。他准备从欧洲移民到美国。

1930 年，路易班贝克先生和太太菲利克斯·富尔德听取美国教育改革者亚伯拉罕·佛雷克斯纳的建议，捐赠了一笔五百万美元的款项，用于建立一个全新的研究教育机构，为青年才俊提供与杰出学者日常交流的机会和平台。这也曾是德国大学黄金时代的伟大举措。

新成立的研究所叫高级研究院，学科带头人是佛雷克斯纳博士。成员的选择和学生的录取完全按照能力高低进行，不考虑其社会地位或政治倾向。

为吸引学科领域高尖端人才，高级研究院推行了一系列政策，提供更高的薪水。

起初，高级研究院并没有决定扶持哪些领域的研究项目。聆听了大量的外界声音后，佛雷克斯纳博士与各方面进行了协商，做出重点关注数学科学领域的决策。这样做有三个原因：首先，数学是基础学科。其次，研究数学需要较少的设备和书籍的投资。最后，相比于其他学科来说，佛雷克斯纳博士有更多的机会和数学领域的杰出学者签订合作协议。

普林斯顿大学的校长希本从学校的数学大楼里腾出了一部分供研究所使用。风景秀丽的校园、错落有致的树木和英国大学哥特式风格的建筑给数学研究工作提供了一个良好的环境。创始人将高级研究院建造成远离尘世纷争的学术研究净地。

1940 年，高级研究院数学研究所搬到坐落在与距普林斯顿大学相隔几英里外的一个小镇上。

10.2 入职高级研究院

佛雷克斯纳博士踏遍美国和欧洲，寻找符合条件的人。1932 年的冬天，他来到帕萨迪纳市，将自己的筹建计划与美国著名物理学家密立根进行探讨，密立根当即建议："爱因斯坦目前在美国。你为何不找他说说你的计划、听听他的意见呢？"

佛雷克斯纳博士将这次拜访做了如下描述：

> 我驱车到加州理工学院的教授俱乐部，第一次见到了爱因斯坦及其夫人。爱因斯坦高贵的气质、浅显风趣的举止和真诚谦虚的态度深深地吸引了我。我们在走廊谈了近一个小时，在这一小时中他听着我的计划，提出了理论问题。中午十二点后，他的夫人提醒他还要参加一个午宴。"很好，"他亲切地说，"我们还有机会，以后谈久点。"

那时，佛雷克斯纳博士还没想到要邀请爱因斯坦本人去高级研究院任职。他当时只是想听爱因斯坦对这个计划的看法。他们约定初夏在牛津大学见面。

佛雷克斯纳博士这样描述了第二次见面的场景：

> 那是非常美好的一天，在关键问题上我们的看法愈加一致。交谈中，我觉察到他可能有兴趣加入高级研究院。离开前，我对他说："爱因斯坦教授，虽然在这样一个新成立的研究院，我不能给您一个多么好的岗位，但是，希望您深思熟虑后，能接受我的邀请。"

> 他们约定夏天到柏林继续商议此事。那时德国由夏帕彭的临时政府执政，德意志共和国像幽灵一般，名存实亡。爱因斯坦非常清楚德国已是日暮穷途，他决定动身去往美国。

约定之日，佛雷克斯纳博士前来拜访。他的描述如下：

> 这天十分寒冷，我穿着御寒的厚大衣，走进爱因斯坦美丽宽敞的乡间别墅。他套了一件夏季的薄外套，坐在阳台上。"喔！你好！"爱因斯坦向我打招呼。我上下打量着爱因斯坦，

问："你难道不冷吗？""不冷，我根据季节穿衣服，现在是夏天。"我们坐在阳台上一直聊到晚上，爱因斯坦邀请我留下来吃晚饭。晚饭后我们继续交谈，将近晚上十一点钟才结束谈话。直到那天，我才完全明白，爱因斯坦和他的夫人准备来美国。我答应了爱因斯坦的条件，他也答应几天内给我写信。爱因斯坦像往常一样套了一件毛衣，没戴帽子，冒雨送我到了公共汽车站。他对我说的最后一句话是："我满怀期待。"

很快地，佛雷克斯纳博士收到了爱因斯坦的来信，信中对去高级研究院任职一事进行了沟通，并表示会做好入职的准备。佛雷克斯纳博士心生感慨，研究院就缺乏像爱因斯坦这样谦逊有礼的人。

1933年初纳粹革命爆发。同年冬天，爱因斯坦正式任职于高级研究院。不过，当时他是以游客的身份前往美国，没有合法权利永久留在美国，所以无法成为美国公民。

10.3 就职高级研究院

在普林斯顿大学期间，爱因斯坦要解决三大问题。首先，他想将1905年、1912年和1916年间研究的狭义相对论和广义相对论发展成一个更具有逻辑性和连贯性的理论构架。在这一点上，他取得了重大进展。爱因斯坦将引力场看作是空间的一种几何性质，即"曲率"。空间曲率取决于空间中物质的存在，并能通过物质分布计算出来。如果已知空间的曲率，知道引力场，那么就可以根据"运动定律"计算物体在空间中的运动。

　　"运动定律"的内容如下：物体将以沿着四维连续时空中测地线（最短的线）的方式运动。假设物质和力场是两个截然不同的实体，那么上述定理完全可以成立。进一步深入思考后，会得到这样的观念：粒子的质量实际上只存在于该点的一个特别强的力场，"质量的运动"只是力场的变化，场的变化可以用"场方程"来描述，它决定了力场。如果物体的运动已经被"场方程"所决定，那么就没有必要存在运动定律。我们不能在"场方程"外再做"物质沿着测地线运动"的补充假设。因为，这些运动的方程早已包含在"场方程"里。

　　在普林斯顿大学，爱因斯坦成功地用一种十分令人信服的方式说明，只需"场方程"便可推导出运动定律。物质只不过是场在特定点的集中。波兰物理学家英菲尔德，与爱因斯坦一起证明了上述"场和物质统一"的理论。

　　第二个要解决的问题是关于对量子理论发展的批评。爱因斯坦觉得有必要用具体的例证来说明尼尔斯·玻尔创立的"哥本哈根"学派里没有描述"物理现实"，比如"场"，它仅仅描写了测量仪器与场的相互作用。就这一点，爱因斯坦与两位青年物理学家罗森和波多尔斯基合作发表的一篇论文里进行了至关重要的讨论。这篇论文通过一个简单的例子，证明量子理论在描述空间某一区域内的物理条件时，并不能被称为对这个区域的物理事实进行了完整的描述。

　　爱因斯坦的这项研究刺激了尼尔斯·玻尔，他明确表示，拒绝接受任何对他理论的臆测，包括诸如观察会"破坏"空间区域里的"真实状态"等观念。他明确表明，他的量子理论不能描述场的任何性质，只能描述场和测量仪器之间的相互作用。显然，我们没法通过一般性的逻辑考量来判断孰对孰错，两者只是提出了相反的建议，而非结论。爱因斯坦建议，对空间区域中物理状态的描述应当尽量接近日常生活，即在描述物理状态时，没有必要说明物理状态是用什么仪器测量得到的。爱因斯坦清楚地意识到，用"场"的方式建立的物理规律，换成玻尔的描述方式也不会显得荒谬可笑；但是，只有在万不得已的时候，他才会抛弃"场"描述。

第三个，也是最令人兴奋的问题是，爱因斯坦试图找到真正的物理场，以统一万有引力场和电磁场的方程，并建立亚原子现象的物理定律。为此，爱因斯坦与两个年轻人合作，一个叫伯格曼，而另一个叫巴格曼。两人名字十分相似，为此还引发了许多笑话。

爱因斯坦建议两人用多种方法，比如四维，甚至五维来构建空间结构。这个几何学结构的所有参量也同样可以应用于描述统一的物理力场[1]。如果有人能够找到描述空间这些量之间的关系，并且从中可以观察、总结包括原子和核物理在内的所有物理定律，那么真正的力场将为人们所发现。

这项任务的难度远高于预期。以当前的研究方法根本无法完成。爱因斯坦着力探索新的"场方程"，希望能证明电子和质子也只是特殊的场。在玻尔的"实证主义"理论仍然需要大量的实验来验证其正确性时，爱因斯坦又提出了一个问题：有

---

[1] 统一场理论就是物理学中的强核力、弱核力、万有引力、电磁力四力的统一。

没有可能从场论中得到相同的结果，或者保留这个历史观念：即物理事实不依赖于观测和测量手段。

爱因斯坦除了进行研究院的常规工作外，还要抽出部分时间担任顾问，解答年轻人的问题，他们觉得应该用学术武装自己，而不是重复机械工作，都向爱因斯坦寻求开始学术生涯的建议。爱因斯坦总是乐于根据每个人的情况，给出适当的建议。命运注定他不仅要在个体层面上进行判定，还要在大的层面上进行归类。在某种程度上，爱因斯坦代表了犹太人，就像托尔斯泰代表俄罗斯青年。穷困的年轻犹太人更是把爱因斯坦看作是救济人。

爱因斯坦从不喜欢谈及自己对他人的帮助，不管是物质方面还是精神层面。但他一直关注着在他帮助下进入大学的学生，留意他们学业的进展情况。爱因斯坦建议他们向教师学习，用书籍不断充实自己，有时候还会送他们自己的著作。

10.4 难民学者

德国局势愈加严峻，到美国寻求避难的犹太人越来越多。就像大量优质商品在市场上以低价卖出会导致通货膨胀一样，这些难民学者也遇到了巨大的困难。

新一轮移民潮开始时，美国仍处于经济危机之中。当然，如果不是全球经济大萧条，德国的纳粹革命就不会出现。随着移民数量的不断增加，不切实际的谣言也蔓延开来：难民不是先锋代表，这批移民并没有像早期移民那样做任何建设性工作，他们想靠政府救济来生活。美国人惊恐不安，视他们为竞争对手。煽动者的话让人们相信：大量移民的涌入很快将改变美国民族和种族构成的比例结构。

英国数学家和哲学家伯特兰·罗素因批判婚姻和宗教传统而不能任命为纽约大学的哲学教授。爱因斯坦认为：若个人的反对可以影响杰出教授的就职，这就阻碍了科学的发展。罗素的政敌以此大做文章。他们给报社写信，用词刁钻："'裸体主义者'罗素和爱因斯坦这个'难民'怎么敢干涉美国内政！"

任何想要任命"难民"学者的研究机构，就会变得进退两难。一方面，美国大学非常愿意帮助遭遇政治迫害的受害者，也很高兴有机会能够受益于这些人的能力。但是另一方面，他们有责任对国内正在寻找学术职位的毕业生负责。

爱因斯坦再次被视为整个难民学者群体的象征和领导人。他收到数以百计欧洲学者的来信，他们想移民到美国，希望爱因斯坦帮他们找份工作，或帮他们获得美国移民法出具的一份"经济担保证明"。爱因斯坦竭尽所能地帮助这些学者。但是，对如此庞大的求助团体，爱因斯坦只帮到了极少一些人。

在给外国学者推荐工作时，爱因斯坦只考虑两点：第一，同情每一个蒙受苦楚的人；第二，不管在哪，追求科学的信念应该得到帮助。

但爱因斯坦并不是一个具有民族情怀的人，他不想念任何国家。他倾心的是一切源于德国的、前普鲁士和前威廉大帝时期的精神。

"平心而说，我只对事感兴趣，对人从来没有兴趣。"这里他所说的"事"指的是"物理现象和处理这些现象的方法"。

1939—1940 年，世界博览会在纽约拉开帷幕。世博会有个惯例，即展馆开放那天，各国（或地区）的大使要发表演讲。巴勒斯坦的展馆开放日演讲人选没有定为犹太复国主义者的政治领袖，也没有定为犹太人学者拉比，橄榄枝最后抛给了爱因斯坦。自此，爱因斯坦被官方视为犹太人的精神领袖。

10.5 原子时代的开端

1945 年，原子弹在日本投下，第二次世界大战正式结束。爱因斯坦的名字再次走进公众视野。

1905 年，爱因斯坦从其狭义相对论中推导出能量守恒定律。从此，爱因斯坦向世界证明存在让人难以置信的巨大破坏力。

在核聚变的过程中，原子核的一部分质量转化为能量。许多科学家也曾发现过这样的反应过程。但是他们发现，在整个反应过程中产生出的能量远远小于反应过程需要的能量。因此在实际情况中，将核能作为一种能源似乎是不可行的。

奥托·哈恩与丽斯·迈特纳发现裂变的铀后，事情出现了转机。用中子轰击铀原子核，原子核会裂变成两个或多个相同的部分，同时会释放出巨大能量。对此，恩里科·费米，一位从法西斯政权逃离到美国的意大利物理学家，用实验证实了这一事实。他发现这个核裂变的过程是链式反应。一旦裂变过程开始，一个铀原子核的裂变产生的中子会导致其他原子核的裂变。这样，这些裂变后产生的中子又会反反复复地导致核裂变的产生。在这样一个可以实现自我"链式反应"的核裂变反应中，大量原子核依次进行了裂变，释放出巨大能量。相关计算表明，一磅的铀进行裂变所产生的能量相当于上万吨的煤燃烧所产生的能量。不久，科学家发现，核裂变的能量可以在瞬间释放出来。因此，用铀制作而成的核弹，其破坏力是普通炸药的数百万倍。

显而易见，如果这些核武器落入法西斯手中，他们必然会将其投入到战争当中，届时人类的灿烂文明注定成为一片废墟。但当时，在大众和政府眼中，相对论只是一种很学术的、不切实际的理论而已，不会应用到工业上。至于核物理，更是闻所未闻。

科学家将目光投向美国总统罗斯福。罗斯福从一开始就清楚纳粹的侵略政策，也充分认识到这对美国未来安全的巨大威胁。而且与大多数政客不一样的是，他相信大学老师。

针对这种情况，西拉德和费米向爱因斯坦建议，由他直接向罗斯福总统反映这个问题。爱因斯坦非常不愿意卷入军事事务，也不愿意鼓励发展这种最具破坏性的武器。但另一方面他相信纳粹不久后也能掌握核技术，他有责任提前做出提醒。

1939 年 8 月 2 日，爱因斯坦致信罗斯福总统：

费米和西拉德二位物理学家将他们最近的研究结果告诉了我，他们期望元素铀在不久的将来可以用作一种新型的、重要的能源……这么一个小小的核炸弹，如果在某个港口爆炸……很可能将整个港口连同其周围很大范围内的地方化为废墟……

1939 年 7 月 30 日，爱因斯坦在长岛别墅和西拉德商定给罗斯福总统写信

　　同时他还提醒罗斯福，美国的核武器研究速度要超过德国，如果落后，美国将处于水深火热。爱因斯坦建议成立一个机构，组织有核研究背景的科学家针对铀元素的实际应用问题进行研究。这就是著名的"曼哈顿计划"！

　　不久，美国向日本广岛和长崎投下了两枚原子弹。数天之后，日本宣布无条件投降。至此，第二次世界大战宣告结束。这一系列事件将美国推向了科学领域的领先地位。

　　虽然战争结束了，民主主义取得了辉煌的胜利，但建立世界范围内的和平却陷入了僵局。同盟国互不信任，战争随时一触即发。

　　科学家深感责任重大，他们开始针对国会议员和公众进行相关的安全教育。

埃莫瑞·夫斯在其著作《化解内心的冲突》中写道："我们必须认清当今局势，建立一个'世界政府'限制国家主权；像美国调节国内各州之间的关系一样，制定国际法律法规调节、约束各个国家之间的关系。"

然而，当时国际间并不存在这样一个"世界政府"，爱因斯坦认为，对于目前掌握核技术的国家如美国、英国和加拿大等国家来说，必须守住制造原子弹的相关机密。他坚信，"对原子能控制"重点不在于技术层面，而在于政治层面。只有各个国家签订一个全面的关于领土和经济方面的协议，才能打破恶性循环、更好地"控制"原子能。他希望，政府和人民要做好关于核安全的各种准备，否则比起丧失国家主权，人类将面临更大的威胁。

10.6 普林斯顿

"我一直都希望能过上与世隔离的生活，现在，我终于在普林斯顿实现了这个梦想。"

1936 年，爱因斯坦的妻子艾尔莎去世。妻子离世后，爱因斯坦对美国这片国土更加眷恋。他的长子成为一名工程师；两个继女——其中一位在离开德国后去世，另一位叫玛格特，是一位才华横溢的女雕刻家，离婚后，与爱因斯坦一起在普林斯顿大学生活。

1939 年，由于纳粹在意大利的势力范围不断扩张，爱因斯坦唯一的妹妹玛雅也从意大利佛罗伦萨移居到美国。她的说

爱因斯坦于 1940 年 10 月 1 日从菲利普·福尔曼（Phillip Forman）法官手中拿到了美国公民证书

话方式、声音、连说话时显露的童真和怀疑的神情都与哥哥爱因斯坦异常相似。大家似乎看到了一个天才的复制品！1928年后，海伦·杜卡斯小姐成了爱因斯坦的秘书，后来还兼做了管家。

根据美国移民法，唯有美国领事馆有权发放永久居民许可证。由于领事馆都设在国外，为了向美国领事馆提出申请，爱因斯坦去了英国殖民地百慕大。领事非常敬重爱因斯坦，在招待他的晚宴上，颁发了永久居民许可证。至此，爱因斯坦才公布，自己要做美国公民。不过要成为美国正式的永久居民还要等上 5 年。在此期间，爱因斯坦为一系列的审查做准备：遵守美国的宪法、行使美国公民的权利和义务。终于，1941 年，爱因斯坦、玛格特以及秘书杜卡斯成功拿到美国国籍。那一刻，爱因斯坦的喜悦溢于言表。这棵参天大树就这样连根一起移植到了美国这块新土地上。

爱因斯坦把各式各样从柏林公寓带来的东西搬进了他的新别墅。别墅位于郊区街道，有个大花园，别墅装饰很罕见，挂着一幅俄罗斯拜占圣像，留白处一片金黄，周围焚着香，烟雾缭绕，弥漫着神秘的氛围。他犹如一位陌生的访客，怡然自得地享受着上层中产阶级的生活。即使到了耳顺之年，他那不受约束的个性也丝毫无改。

在普林斯顿，爱因斯坦并没有传统意义上的社交生活。他

爱因斯坦演奏小提琴

与哥德尔在普林斯顿

从不参与大学社区里教职员筹划的宴会和招待会。他最喜欢与一群拥有音乐热情的人在一起，拉着小提琴和古提琴、大提琴或钢琴协奏。但各领域的拜访者却络绎不绝，有时候爱因斯坦会花上近一个下午的时间与拜访者交谈。

物理学家、哲学家、神学家来到普林斯顿大学，想借此机会向爱因斯坦学习，聆听他在某些特定领域中的新想法；大量欧洲难民向爱因斯坦寻求建议和帮助，有的过于贫穷，还会在他家别墅暂住几天；犹太复国主义者来此聆听爱因斯坦在某些政治问题上的立场；耶路撒冷大学的教职员工前来求取爱因斯坦的支持；作家、记者、艺术家等希望借助爱因斯坦拓宽自己的受众面……杜卡斯小姐竭尽所能进行安排，维持别墅中的正常秩序，给爱因斯坦营造一个安宁的环境。

爱因斯坦对待来访者的态度一如既往，若即若离。他自己总是有一种局外人的感觉，甚至渴望被孤立。但对人类一切事物的好奇心和幽默感又令他即使在陌生的、甚至是令人不快的环境中也能体会到艺术的乐趣。此外，他和善温厚，平易近人。他常说：处在一个无人可谈的境地是最为痛苦的折磨。

因此，总有怀才不遇的发明家和遭人误解的天才前来拜访。自打受聘于伯尔尼专利局起，他就一直热衷于一些毫无意义的发明。这些发明倾注了人类的创造力，即使有时候发明者对发明物有所曲解，他也乐得关注。对他而言，看着这些混乱的创造思路，帮发明者厘清思路，找出错误，未尝不是一种乐趣。

拜访者中偶尔也有这样的物理学家：他们的研究结果与权威并不一致。当然，可能只是个稀里糊涂的家伙，但是，这种脱离常轨的科学家同样也可以是重要的创新先驱。爱因斯坦比其他人更愿意聆听这些想法，他不仅认真听，之后还思考。哪怕它们可能并未遵守逻辑，也不确定是否能够得出任何合理或有用的结论，对爱因斯坦来说也是愉快的精神体验。

移民到美国后，爱因斯坦花了好几年来研究"统一场论"。他很少在公众会议上发表演讲。各种组织力邀爱因斯坦去演讲，但他只接受一些非常感兴趣的邀请。此外，他也不经常参加科学会议，参加过的寥寥几次对他来说亦是不易。

爱因斯坦在普林斯顿

自从第一个发现公布后，他周围的世界发生了巨大变化。在德国德皇时期和瑞士小资产阶级环境里他开始了探索科学研究之路。在二战期间，在最后一个民主堡垒——美利坚合众国，他为世界和平四处奔走。他对周围世界的态度从未变过，仍旧保持着波西米亚人那种不受约束的个性特征，以怀疑的态度看待物理现实。他特立独行，不愿受社会关系约束，但同时又捍卫社会平等，崇尚人类博爱。爱因斯坦一直相信，宇宙法则可以通过简洁、甚至巧妙的数学公式予以表达。至于公式可以解决个人和政治生活中的难题，他表示质疑。

在世人眼中，爱因斯坦不仅是一位伟大的学者，更是二十世纪的传奇人物。其行为和话语不仅仅是对事实的记录与判断，更是一个符号，象征着他的领域、他的时代和他的人民。

普林斯顿人讲述了许多爱因斯坦的奇闻轶事。其中一个是关于爱因斯坦与邻居女儿的故事：一个十岁女孩的母亲注意到女儿经常去爱因斯坦家。这位母亲很好奇，便询问女儿。女孩儿说："我做算术作业的时候遇到了一些难题。大家都说，莫色尔大街 112 号住着一位平易近人的大数学家，我去找他帮忙，他好乐意，讲得很好，比我们学校老师通俗易懂。他说我有问题随时可以去问他。"这位母亲惊讶极了。她去爱因斯坦家，对自己女儿的行为表示抱歉。爱因斯坦却说："没什么，不要为此感到抱歉。事实上，在交谈过程中，我在孩子那儿学到了更多。"

这个故事的真实性无从考证。还有一个关于爱因斯坦的小故事：人们在夏天经常可见到爱因斯坦手拿一个甜筒，套着一件毛衣，不穿袜子，拖着凉鞋，这情形经常使得学生乐不可支，教授瞠目结舌。

1945 年，爱因斯坦从高级研究所退休，卸下了教授的职务。然而，这并不是终结。他继续住在普林斯顿大学，在自己钟爱的研究上，孜孜不倦……